# 人工知能の核心

羽生善治 Habu Yoshiharu
NHKスペシャル取材班



NHK出版新書
511

# はじめに

ＮＨＫ大型企画開発センター　エグゼクティブ・プロデューサー　寺園慎一

一九九六年版の『将棋年鑑』に興味深い記述がある。

プロ棋士への「コンピュータがプロ棋士を負かす日は？」というアンケートである。一九九六年と言えば、ＩＢＭのスーパーコンピュータ、「Deep Blue（ディープ・ブルー）」がチェスの世界チャンピオンを打ち負かす一年前である。

多くの棋士が、そんな日は来ないと真っ向から否定していた。例えば、米長邦雄「永遠になし」。加藤一二三「来ないでしょう」。村山聖《さとし》「来ない」。真田圭一「百年は負けない」。郷田真隆「いつかは来ると思う。但し、人間を越えることはできないと思う」……。

しかし、その日が来るのをほぼ正確に予測していた棋士がいた。羽生善治である。彼はその日を、「二〇一五年」と答えていた。

奇《く》しくもその二〇一五年に、ＮＨＫスペシャル「天使か悪魔か 羽生善治 人工知能を探る」（二〇一六年五月放送）の番組作りはスタートした。羽生さんとの最初の打ち合わせのとき、私もこう聞いた。「羽生さんは人工知能に勝てるでしょうか」。そのときの羽生さんの答えが忘れられない。

「今、将棋の人工知能は、陸上競技で言えば、ウサイン・ボルトくらいです。運が良ければ勝てるかもしれない。しかしあと数年もすれば、Ｆ１カーのレベルに達するでしょう。そのとき、人間はもう人工知能と互角に勝負しようとは考えなくなるはずです」

プロ棋士が次々と人工知能に打ち負かされるなかで、「最後の牙城」として羽生さんにかかる期待は大きいが、当の羽生さんは、今後人間が、将棋の世界で人工知能に勝つことができなくなるという見通しを持っていた。

しかし、そう答える羽生さんの口ぶりは、残念がるわけでも、悔しがるわけでもなく、いつものように淡々としたものだった。むしろ人工知能の進化が楽しみでしょうがないという気持ちが感じられた。

私たちが、この番組のレポーター役を羽生さんに依頼したのは、人工知能の進化を肌身で感じており、それでいて、その進化を、人間を脅かすものと否定的に捉えるのではなく、人間の新たな可能性を切り拓くものと肯定的に考える人だったからだ。

今、世界では「テクノロジー革命」とも言うべき事態が進んでいる。人工知能、ロボット、ＶＲ（仮想現実）、ＡＲ（拡張現実）、宇宙開発技術などが爆発的な発展を遂げ、私たちの生活を変えつつある。二〇四五年には、コンピュータが全人類の知性の総和を超える「シンギュラリティ（技術的特異点）」に到達するとの予測もある。

今回の番組に先立つ二〇一五年一月、私たちは「ＮＥＸＴ ＷＯＲＬＤ」という五本シリーズのＮＨＫスペシャルを制作し、シンギュラリティを迎えた二〇四五年にどんな世界が出現しているのかを描いた。

テクノロジーの進化は、もう止められない。むしろその状況を前提として、幸福を築くために何を選び、何を選ばないか、考えるための材料を提供するという番組だった。その同じコンセプトが、この人工知能をめぐる番組にも貫かれている。「人間vs人工知能」という単純な対立構造と考えるのではなく、人類がさらに可能性を広げるために、人工知能をどう使っていけばいいのかを探ろうとした。

私たちの依頼を、間髪を容れず引き受けてくれた羽生さんは、取材を精力的にこなしてくれた。対局で埋まるスケジュールの合間を見事に縫って、イギリス、アメリカ、日本各地を取材班とともに飛び回った。この番組に、あまりに多くのエネルギーを投入してくれていたので、本業である将棋の対局で羽生さんが負けたというニュースが流れたときは、スタッフ一同、「心底申し訳ない」という気持ちになった。しかし、羽生さんのそんな協力のもと、番組は充実したものとなり、大きな注目を集めた。羽生さん自身の人工知能への関心のありかとその知見が、私たちを導いたのだ。

本書は、番組制作時の取材成果から生まれた一冊である。執筆には、羽生さんと番組の担当ディレクターの一人、中井暁彦（制作局 科学・環境番組部）の二人があたった。各章とも、まずは羽生さんが自らの言葉で、様々な論点の「核心」にずばり切り込む。章末に置かれた「レポート」では、中井ディレクターがそれを受けて、取材成果を踏まえた客観的な解説や関連するトピックについての補足を行う。

日本が世界に誇る知性である羽生さんが、最前線への取材を自ら行い、その後さらに重ねた思索の結果を注ぎ込んだこの本は、進化を続ける人工知能とのつき合い方について、示唆に富むものとなった。

羽生善治はいかに人工知能と対峙《たいじ》したのか——。そして、未来へのヴィジョンをどのように構想するのか——。羽生さんの言葉をガイドに、読者の皆さんにも、人工知能がもたらす未来に思いを馳《は》せてほしいと願っている。

人工知能の核心　目次

## 第四章 「なんでもできる」人工知能は作れるか——汎用性と言語……155



## 第五章 人工知能といかにつき合えばいいのか……191

# 第一章　人工知能が人間に追いついた

## ――「引き算」の思考

## アルファ碁の衝撃

二〇一六年三月、韓国の囲碁棋士であるイ・セドルさんが、イギリスのグーグル・ディープマインド社の開発した人工知能、「AlphaGo（アルファ碁）」に敗北しました。対局は五局行われ、イ・セドルさんが一勝四敗と負け越したのです。

イ・セドルさんは、世界でも指折りのトップ棋士。その独創的な棋風と、圧倒的な強さから「囲碁界の魔王」とも呼ばれる人物です。その彼がアルファ碁に負けたことは、世界中で大きな衝撃として受け止められました。

と言うのも、実はこの戦いが始まるまで、既存の囲碁ソフトはせいぜいハンディキャップとして石を三子か四子置いて、やっと人間のトップ棋士といい勝負になる程度だと言われていたからです。囲碁の世界では、「置き碁」と言って、棋士の力に差のある対局の場合、ハンディとしてあらかじめ碁盤に石を置くことがあります。これは将棋で言えば、「駒落ち戦」にあたります。この場合は、「飛車落ち」、あるいは「飛車香落ち」くらいの大きなハンディと言っていいでしょう。

おそらく、イ・セドルさんも「負けるはずはない」と安心して対局に臨んでいたのではないでしょうか。

それだけに、初戦でその強さを知ったとき、イ・セドルさんも、そして対局を観ていた私たちも驚きを隠せませんでした。

実は、この対局に先立つ二〇一六年二月に、私はディープマインド社で、アルファ碁の開発者であり、同社のCEOであるデミス・ハサビスさんにお会いしていました。

この本のベースとなった番組、NHKスペシャルの取材だったのですが、その時点ではアルファ碁の開発が始まってから、まだ一年ほど。よもやその後、イ・セドルさんが負けるとは思ってもいない時期です。

ハサビスさんがとても気さくで話しやすい方だったのは、よく覚えています。彼は将棋やポーカーをはじめとした思考力を競うゲーム、いわゆる「マインドスポーツ」のファンであり、強いプレイヤーでもあります。

元々、チェスのプレイヤーとしても名を馳せた人物で、一三歳のときに、同年代で世界第二位に輝いています。ケンブリッジ大学に飛び級で入学が許された後は、脳神経科学などを専攻し、ゲームや人工知能の研究・開発に勤《いそ》しんできたという経歴の持ち主です。

## デミス・ハサビスとの対話

取材のときの話に戻すと、私もチェスは長年やっていますので、さっそくハサビスさんと二局、超早指し対局をすることになりました。

将棋の世界に「棋は対話なり」という言葉がありますが、チェスの指し手からも、その人の考え方が見えるように思います。ハサビスさんは、トリッキーな手を指しません。攻撃や守備に偏ることもなく、どんな局面でも自在に対応してきました。私の印象では、いわゆる本格派、王道をいくタイプでした。ちなみに、対局の結果は、一勝一敗です。彼のスタイルから見える、王道をいくその性格は、仕事ぶりにも反映されている気がしました。

ディープマインド社を取材して興味深く感じたことがあります。マインドスポーツをよく知るハサビスさんが指揮しているのに、人工知能の開発には囲碁の知識があまり使われていなかったのです。

そこで重視されているのは、あくまでも人工知能のプログラミング知識でした。取材当日、ハサビスさんと一緒に応対してくれたエンジニアの方は、チェスには詳しかったです

デミス・ハサビス氏（左）との対局は1勝1敗に終わった

が、囲碁には詳しくありませんでした。でも、人工知能の開発者がそのゲームに詳しくないのは、将棋ソフトでもよくあることです。

さて、そのアルファ碁はどのようにしてあれほどまでに強くなったのでしょうか。

ハサビスさんに尋ねたところ、その直接的な要因の一つは、アルファ碁同士でとてつもない数の対局をこなしたからだということでした。驚くべきはそのスピードです。一試合を高速でこなすことで、何十万局というデータをごく短時間で入手できるのだそうです。

普通の個人開発者が同じことをしたら一か月かかるところを、一日で実現できてしまうのが、ディープマインド社のすごいところでしょう。

人工知能が行う一つ一つの対局の内容は特別に優れたものとは思えません。しかし、膨大な量の対局データを積み重ねていった結果、ついには囲碁に詳しくないエンジニアたちが作った人工知能がイ・セドルさんに勝利してしまったのです。

この対局は、おそらく現在大きな注目を集めている人工知能開発の、象徴的な事例だったと思います。なぜこんなことが起きてしまったのでしょうか。

**なぜ今、人工知能なのか**

私の理解では、昨今の人工知能の発展は、大きく三つの要因が相互に関係しながら起きたものです。

まず一つ目は、「ビッグデータ」です。

人工知能はたくさんのデータで学習すればするほど、強くなっていきます。例えば、一九九七年にＩＢＭが開発したチェスのプログラムであるディィープ・ブルーが、当時の世界チャンピオン、ロシアのガルリ・カスパロフを破ったシリーズがありました。

このディィープ・ブルーは、一〇〇万局以上のデータベースが搭載されており、一秒間に二億局面を考えられたそうです。二〇年ほど前ですからソフトはそれほど洗練されていませんでしたが、過去の対局の情報と力ずくの計算能力の「ブルドーザー方式」で、人間に勝利してしまったのです。

二つ目の要因は、「ハードウェアの向上」です。

今から一〇年以上前に、公立はこだて未来大学の人工知能研究者・松原仁《ひとし》さんに「ハードが進歩すれば、将棋ソフトは自動的に強くなりますよ」と言われたことがありました。ハードが進歩して、計算力が一秒間で一〇〇万手、さらには一億手となれば、勝手に強くなっていくと言うのです。

その考え方の背景にあるのは、かつて、インテル社の創業者の一人、ゴードン・ムーアが提唱した、「ムーアの法則」というコンピュータの進化についての経験則です。この法則によれば、一定の空間に収めることができる集積回路の密度は一年半で二倍に向上するため、コンピュータの計算速度は天文学的な速度で上がると言うのです。

この話を初めて聞いたときは、「そういうものなのか」という程度に考えていました。

しかし、最近は将棋の世界でも電王戦に注目が集まっていますし、将棋ソフトにも著しい進歩が見られて、その言葉のリアリティが増しています。

例えば、アルファ碁が対局に使ったマシンの計算力はさほどではないとされていますが、学習段階ではディープマインド社の親会社であるグーグルの巨大な計算リソースを使って、ばりばりとデータを蓄積しているのです。

アルファ碁の勝利の陰には、膨大なデータを処理するソフトウェアとそれを支えるハードウェアやノウハウがあったわけです。アルファ碁は世界に冠たる超巨大ＩＴ企業であるグーグルなしではあり得なかったと言っても過言ではありません。

## 「ディープラーニング」と伝言ゲーム

「ビッグデータ」「ハードウェアの向上」と来て、最後に来る三つ目の要因が、「ソフト」の部分での発展、特に「Deep Learning（ディープラーニング／深層学習）」の台頭です。

この言葉に聞き覚えのある方も多いでしょう。昨今の人工知能への注目の大きな要因は、このディープラーニングにあります。

ディープラーニングは、「Neural Network（ニューラルネットワーク）」という、人間の脳が学習をする仕組みを真似《まね》した人工知能の手法のなかで、最近注目を浴びているものです。人間の神経細胞（ニューロン）は、電気信号を用いることにより、互いに情報伝達を行っているのですが、その伝達に関する接合部を、「シナプス」と言います。このシナプス結合によって知性を表現するという発想を、数学的にモデル化したものがニューラルネットワークです。

そこで私が最も興味深く思っているのが、「誤差逆伝播法《ごさぎゃくでんぱ》」という、間違った答えを出してくる神経細胞をうまく間引いていてくれる手法が入っていることです。

この手法の私なりの理解を、少し喩え話で書いてみましょう。

例えば、一個一個の神経細胞が人間だとして、彼らが皆で「伝言ゲーム」をしているとします。そのとき、「猫とはこんな形の生き物だ」という情報が最初の人に伝えられて、神経細胞の一人一人が周囲の神経細胞たちにその情報を伝言していきます。すると終端では「猫とはこういうものか」と伝わるという具合です。

さて、「今日、新宿に仕事に行きます」という話を、二、三人で伝言していくなら、終端にしっかり伝わると思います。でも、五〇人で伝言ゲームをしたらどうでしょうか。

最初の人から何度も伝言されているうちに、いつの間にか、「明日、日本橋のデパートで買い物します」のような、まったく違う話になってしまう可能性もあるかもしれません。なぜそうなるのかと言えば、途中でトンチンカンな情報を伝える信頼できない人が出てきてしまうからです。

では、どうするか。例えば、将棋を学ぶときに大事なのは、実は覚えることを増やすだけでなく、余計な考えを捨てていくことだったりします。同じように、ここではそういうトンチンカンな人に、外れてもらう。そして、また伝言ゲームをやり直せば、うまくいきそうです。

具体的には、伝言ゲームの途中にいるAさんが、周囲のBさんから「明日、新宿に仕事に行く」と伝言され、また周囲の別の人物であるCさんから「明日、日本橋のデパートで買い物に行く」と伝言されていたとします。その場合、伝言ゲームの結果を踏まえて、Cさんは信用が置けないということで、信頼度を下げます。

これを繰り返して、信頼のおける伝言をしてくれる人が誰かを明らかにするのが、誤差逆伝播法の本質だと思っています。

私は、これまで将棋の本で折に触れて、無駄な情報を扱うことを減らす「引き算」の思考にこそ人間の頭脳の使い方の特徴があると書いてきました。ディープラーニングに、こういう「引き算」の要素が入っていることは、とても面白く思います。

## 人工知能VSベテラン警察官

もちろん、人工知能は囲碁や将棋のソフトだけに使われるものではありません。これから、幅広い分野で社会に進出してくると予測されています。

この本を出版するきっかけになったNHKスペシャルは、まさに人工知能がいかに私たちの社会を変え始めているかを伝えるもので、紹介された事例のなかには、すでに実用段階に入っているものも数多くありました。

取材に前後して聞いたなかで、人工知能の社会への実装という点から、私がとても驚いた、あるアメリカの街の出来事があります。

その街はとても治安が悪く、警察はいつも頭を悩ませていたそうです。そこで、実験的に人工知能に「今日はどこへパトロールに行くべきか」を決めてもらったといいます。すると人工知能は、勤務歴二〇年のベテラン警察官なら、「この時間、こんな場所は安全に決まっているだろう」という地域をパトロールさせる指示を繰り返したのでした。

実際に指示通りパトロールしたところ、その結果は驚くべきものでした。その街の犯罪率は、劇的に低下したのです。実はこの人工知能は膨大なデータから、「今日ここで凶悪犯罪を犯した人物が釈放されて街にいる」など様々な可能性や情報を計算して、パトロールを行うべき場所を最適化していたのでした。

NHKスペシャルでは、専門医にも発見できないがんを、画像から精緻に見分ける人工知能を開発したアメリカのベンチャー企業も取材しました。人工知能はどんどん私たちの社会に浸透し始めています。

### 人工知能に興味を持った理由

番組の取材に同行したものの、私自身には人工知能の専門的な知識があるわけではありません。しかし、今、私は人工知能と社会の行く末に並々ならぬ関心を抱いています。その理由を簡単に説明しておきましょう。

インターネットの登場に前後して、将棋の世界も大きく様変わりしました。棋士としてテクノロジーと向き合わざるを得ないなかで、その動向は注視してきたつもりです。

チェスの世界では、人工知能によるプログラムが一九九〇年代の半ばには大きな進化を遂げていて、二一世紀に入ってからは決定的な影響力を持ちました。現在、チェスの試合を、人工知能が弾き出した「評価値」を確認しながら楽しむことは決して珍しくありません。

チェスや囲碁、将棋のプログラムには、指された手や局面の判断を行うために、その手が有利だったかどうか評価する関数が存在します。この「評価関数」を利用し、先の展開を読んだり、有利な手を探したりするのです。評価値とは、この評価関数によって算出される、その手の良し悪しを測る点数のことです。

さらにチェスでは、プレイヤーが新手を検討するときに、ソフトを使うのは、すでに一般的になっています。その流れはいずれ将棋にも来るだろうと想定していました。

人工知能研究者の松原仁さんらと一緒に『先を読む頭脳』（二〇〇六年）という本を出版して、人間と人工知能の思考スタイルの違いについて検討したこともあります。その後も、認知科学系の研究者と知り合う機会が多く、人工知能を取り巻く状況は、フォローしてきました。その意味では、昨今の人工知能ブームは、「ついにこの日が来たか」くらいの感じではあったのです。

しかし、NHKスペシャルに出演するにあたって、ディレクターの方に大量の資料を渡されて、「これほどまでに進歩しているとは」と驚愕《きょうがく》しました。

かつて、未来学者のレイ・カーツワイルが、その著書『ポスト・ヒューマン誕生：コンピュータが人類の知性を超えるとき』（二〇〇七年）のなかで、「シンギュラリティ（技術的特異点）」という概念を提唱しました。

これは近い将来、人工知能が全世界の人間の知性の総和を超えていく地点（シンギュラリティ）が訪れて、そこからは加速度的に機械の知性が進歩してしまい、人間は追いつけなくなるという予言です。他にも、カーツワイルは人間の労働力が全て機械に置き換えられるなどの未来予測を本で記していたのですが、初めて読んだとき、私はその話をあまり信じる気になれませんでした。半信半疑どころか、「一〇パーセントも信じられない」と思ったくらいです。

ところが、昨今の人工知能の状況を見ると、そういうSF映画のような話がどんどん実現しています。カーツワイル自身もグーグルで共同研究を進めていると聞きます。ともすれば〝眉唾〟のように思えた彼の話に、かなりの信憑《しんぴょう》性が出てきたのです。

## 人工知能が「引き算」の思考を取り入れた

人工知能は、今やかなりの進歩を遂げている――。

そう私が考えた理由は、もう一つあります。人間の思考の強みを、人工知能が取り入れだしているように思えてならないのです。

第二章で詳しく説明しますが、将棋では、「読み」の前段階として、まずは考えなくてもいい手を絞る作業が必要になります。そこで必要になるのが、「直観」です。

盤面を見た瞬間に、あらかじめ「この形が良さそうだぞ」と判断して、考えなくても構わない手を一気に捨てて、数個の手に絞り込むのです。コンピュータ将棋では、「枝刈り」という言葉を使います。

人工知能はなにしろ一秒に何千万手も読めるわけで、「読み」については、人間よりア

ディープマインド社でアルファ碁と対局する筆者

ドバンテージがあります。しかし、手を「引き算」で絞り込む、このプロセスは、これまでの人工知能が弱かった部分でした。ところが、アルファ碁は、計算を始める前に、手を絞る作業も行っているのです。

それは、「Policy Network（ポリシーネットワーク）」と言われる手法です。これを使うと、正しい答えとは限らないけれども、概算によって大体の答えが求められ、明らかに有効でない解を捨てることができるのです。

すると、有望な手だけが残るので、あとは制限時間内で「読み」を深いところまで持っていけばいい、というわけです。私は、このポリシーネットワークが、人間の「直観」に該当する作業をしている可能性があると思いました。

これは、まさに「読み」をいかに省略するかという技法ですから、人間とかなり近い思考プロセスだと思いますし、私の考えではここにアルファ碁の強さの秘密の一端がある気がします。

## 人間の強みは、「汎用性」

私が近年の人工知能の発展に、もう一つ興味深く思っていることがあります。デミス・ハサビスさんにお会いしたとき、彼は人間の知性の優れた点について、柔軟性に加えて「汎用性《はんようせい》」という言葉で説明していました。

一つの分野で学習した知識を、別の場所に応用できることこそが、人間の知性の強みである――私もそう理解しています。

おそらく、ハサビスさんは脳神経科学を専攻していたので、「脳の可塑性《かそせい》」を踏まえての見解でしょう。「脳の可塑性」という言葉を簡単に説明しておくと、脳が柔軟性を持っていて、状況に応じて変化する能力があること、といったところでしょうか。

汎用性は、現在の人工知能研究のなかで大きなテーマとなっています。ディープラーニングにしても、チェスから医療分野まで様々な応用事例が報告されていますが、チェスについて学習したソフトが、その学習成果を活《い》かしてがんの検診をしてくれるわけではありません。

あくまでもチェスならチェス、医療なら医療と、人工知能が学習した専門分野に特化した判断が、とても高度なレベルで可能になるだけなのです。

一つの分野の学習に突出しているよりも、「広く浅く」ではないですが、どんな分野でも学習できる方が生物として、より生存に適しているのではないでしょうか。人間は、一つの分野で自分が学んだことを、別の分野に応用する能力を持っています。汎用性は、人類がその長い歴史のなかで獲得してきた、圧倒的な強みなのです。

しかし、現状の人工知能では、そういうことは難しいようです。

## 思考のプラットフォーム

将棋ソフトに面白い事例があります。

それは、ソフトの探索部分に、「Stockfish（ストックフィッシュ）」というチェスの公開プログラムを使っているものが多い、という事実です。もちろん、将棋のプログラムを作ろうとするときには若干調整が必要だと聞きますが、そのまま使っても、結構良いものが出来るそうです。

かつては、「将棋のソフトには汎用性がない」と言われていたくらいで、他のジャンルのソフトを活用したり、あるいは逆に他のジャンルに転用したりすることなどできないと考えられていました。

しかし、このストックフィッシュはジャンルの垣根を越えて、横断的にソフトウェアが機能している事例と言えるでしょう。そもそも昨今の将棋ソフトの発展の大きな理由の一つは、他のゲームのメソッドを将棋のプログラムにも応用・転換・導入してきたことにあるのです。

ちなみに、アルファ碁にしても、その理論的な背景は「モンテカルロ法」（シミュレーションや数値計算の手法の一つ）という、他の人工知能でも使われているアルゴリズム（計算方法）だったり、すでに論文などで発表されたものだったりします。画期的な思考のブレイクスルーは、実はないようなのです。

もちろん、プログラムの詳細は、ディープマインド社も公にしていません。しかしもし、アルファ碁の探索部分の設定が詳《つまび》らかになれば、将棋やチェスにも応用できる可能性があるのかもしれないと、考えています。

そして、それが何を意味しているのかと言うと、チェスや将棋や囲碁は、競技としては違うけれども、思考のロジックには共通のプラットフォーム（基盤）があるかもしれない、という可能性です。

異なったルールであっても、思考や論理的な考え方そのものには、突き詰めると、根本的なところで共通するものが存在する。もしそうなら、それは「知性」そのものの汎用性を考える契機にはならないでしょうか。

## 将棋界は人工知能の時代を先取りしている

ディープマインド社は囲碁だけでなく、様々な分野に進出しています。

二〇一六年二月、ディープマインド社は、イギリスの国民保健サービス（ＮＨＳ）などと組んで、医療関係の事業に進出することを発表しました。

また、ディープマインド社には、人工知能のアルゴリズムを用いて、親会社であるグーグルのデータセンターの冷却に使用する電力を、およそ四〇パーセント削減したという話もあります。アルファ碁のプログラムとどれほど関係しているかはわかりませんが、これだけの成果を短期間で達成しているのは、驚愕としか言いようがありません。

人工知能の社会利用が進んでいくと、それに人間がどう向き合うかが課題となります。人工知能には、いくつかの特徴があって、人間のこれまでの感覚とは大きく異なっているのです。

ここで面白いのは、現在、電王戦を中心としたコンピュータ将棋と人間の棋士の間で起きている様々な事象が、今後、人工知能が社会で応用されていくときに想定される事態を先取りしているように思えることです。

その意味で、コンピュータ将棋は、機械と人間をめぐる問題のモデルケースになっているように思います。そこで、ここからは、コンピュータ将棋を相手にするなかで、私たち棋士が直面している「違和感」について説明していきたいと思います。

## 人工知能の思考はブラックボックス

まず一つは、人工知能の思考がブラックボックスになっていることです。

特に、現在流行しているディープラーニングは、先ほども説明したように、とにかく大量のデータを読み込ませて学習すれば、人工知能が判断を下せるようになるという発想のアルゴリズムです。だからこそ、囲碁に詳しくないエンジニアでも、アルファ碁の開発に携われるわけです。

しかし、人工知能が発達して、政治や経済のような場面の意思決定に、もっと関与してくるようになった場合は、どうでしょうか。やはり意思決定の過程が、ブラックボックスになることには、多くの人が不安を覚えるように思います。

もちろん、人工知能が導き出した結論を、人間の側で解釈し直して、理解していくやり方もあるでしょう。しかし、本質的に人間には理解できないような答えを人工知能が提示してくる場合も考えられます。

例えば、ピッチングマシンが球速一五〇キロの球を投げるのは、設定さえすれば可能です。それを参考にして、速い球を投げる人間が出てくる可能性もあります。でも、二〇〇キロのような異常な速度の球まで真似できるのかと言えば、おのずと限界はあると思います。肩を痛めるかもしれません。

これと同じことが、人間の思考の世界にも起き得ると思います。抽象的な世界なので気づかれにくいですが、人間の身体が物理的な制約を受けるように、思考にも制約はあるのではないでしょうか。

## 「三駒関係」の問題

それを示唆するのが、コンピュータ将棋の世界で言われる、「三駒関係」の問題です。駒を任意の位置に三個置くと、過去の膨大なデータにもとづいて、その手の良し悪しを判断する評価値を出してくれます。たった三個の駒で、です。

この「三駒関係」は、将棋の評価値のアルゴリズムの重要な考え方で、アルゴリズムそのものが、この関係をうまく使って作られています。「三駒」であるのは、現在の計算処理能力でこの値が有効だからで、将来は「四駒」を基本単位にして計算するようになるかもしれません。いずれにせよ、決してでたらめな数字ではありません。

もちろん、手の良し悪しの判断は確かにとても重要で、棋士もよく考えています。でも、それは「王の近くには金があった方がいい」とか「飛車と王は近くにない方がいい」というような、論理的に、なぜそれが良いのか説明できる事柄についてのことです。盤面に、適当に駒を三つ置いて、その良し悪しを判断するなんてことは、人間には到底不可能なように思えます。

ところが、将棋ソフトが算出してくる評価値は、極めて有効に働くのです。

私はこの問題が気になって、松原さんになぜ有効なのか尋ねたのですが、「いや、よくわかりません」と言われてしまいました。さらに、「では、その『三駒関係』を、人間が一万例ほど見て、ひたすら暗記したら将棋がうまくなると思いますか」と聞くと、「たぶんならないでしょう」と答えました。

松原さんの言葉が正しいとすれば、機械には学習できるけれども、人間には学習できないブラックボックスが人工知能には存在することになります。

先ほどのパトロールの事例でも、ベテランの警察官でさえ予想し得ない判断を人工知能が下していましたが、計算すべき膨大な情報をどのように処理して、その結論に至ったのかはわからないそうです。社会が人工知能を受容していくなかで、このブラックボックスの存在は大きな問題となる可能性があると思います。

## 人工知能には恐怖心がない

もう一つ、コンピュータ将棋で言われるのは、人工知能には「恐怖心がない」ということです。

棋士がしばしば口にする感想に、「将棋ソフトの指す手には、人間から見ると、違和感を覚える手が多い」というものがあります。

通常なら怖くて指せないような、常識外の手を人工知能は指してくるのです。もちろん、将棋ソフトについて言うなら、人間の持つような盲点がない分、自由に手を選べるということでもあるでしょう。

しかし、人工知能が社会に進出してきたら、どうでしょうか。

特に人工知能ロボットのような事例を考えてみると、「恐怖」を覚えないのは社会生活を営む上で、そもそも困難を来すように思います。私たちが道路で車にぶつからないように歩いたり、エスカレーターの前でしっかり歩みをステップに合わせられたりするのは、煎じ詰めれば「恐怖」で危険を察知できるからです。

また、ブラックボックスの話のときと同様、人工知能がさらに大きな進化を遂げ、社会的な意思決定を任せられるようになったらどうでしょう。人工知能が人間では受け入れがたい、危険な判断をする可能性もゼロではないように思うのです。

## 人工知能で人間は考えなくなる？

仮にそれらの問題が解決されても、新しい問題が出てくるかもしれません。

ロボットが人間のように物理空間を移動して、人工知能が社会的な意思決定をしてくれるようになったら、「もう彼らに何もかもを任せればいいじゃないか」と考えてしまう可能性もあります。そうなると、私たちの自ら思考する力が弱まっていきそうです。

パトロールの適切な行き先を人工知能が指示したという話がありましたが、人工知能に意思決定を任せていると、人間の「勘」などが磨かれなくなることもあり得ます。

実際、テクノロジーの発展が要因となって、こういう問題はすでに起きています。

以前、警察の方と話したときに、最近の犯罪捜査では、個人情報保護法の影響で聞き込みでは情報が取れなくなっていて、最初に防犯カメラの映像を確認して回ることになっていると言われました。しかし、聞き込みという昔ながらの捜査方法なしでは、かつての刑事が持っていた、「どうもこの辺が怪しいぞ」と〝鼻を利かせる〟直感が磨かれないままになる危険性があります。

もちろん、それでもいいという考えもあると思いますが、では、もし人工知能に全てを任せた結果、そのシステムでは対応できない問題が出てきたら、どうでしょう。誰がその問題を解決すればいいのでしょうか。

実際、将棋ソフトでも、どっちが優位か形勢を判断する評価値は、絶対的に正しいわけではありません。

人間から見ても接戦になっている場面では、値はソフトによってかなり幅を持つようです。そうなると、どこまで評価値の判断を参考にするかまで含めて、選択肢を考えていくことが必要になります。そして、その思考力は、やはり普段の対局から自分で考えることでしか、養われないのです。

## 「セカンドオピニオン」としての人工知能

もちろん、人工知能をいわば「仮想敵」のように位置づけてしまって、その効果的な利用法を検討しないのは、得策ではありません。うまく活用すれば、必ず私たち人間にとって大きな力となるはずです。

例えば、その一つが、「セカンドオピニオン」としての人工知能です。「セカンドオピニオン」とは、医療の世界の言葉で患者さんが一人の医師だけでなく、別の医師からも、「こういう診断（あるいは治療法）もあります」と第二の意見を聞くことです。

同様に、私は、人間同士の判断だけでなく、人工知能に、「こういう可能性もあります」と提示してもらってもいいのではないかと考えています。

将棋ソフトは人間の思考の盲点を突いてくるという話をしましたが、逆に言えば、それは自分の視座が変わるような見方を教えてくれるということでもあります。「自分はこう思うが、人工知能はどう思うのか」と、あくまでも絶対の判断ではないという前提で使っていくやり方もあるはずなのです。

前述の通り、チェスの世界ではもう一〇年以上前から、ソフトを使って、指し手を分析したり、研究したりすることが当たり前になっています。初期の段階ではソフトが出す回答にはばらつきも多く、上手に使いこなせるかどうかが勝敗を分ける大きなポイントになっていましたが、今は皆が利用しているので、そこでは差がつきません。勝負のレベルはソフトをいかに上手に使いこなし、データベースも含めてプログラムをどの程度まで利用していくかという話にまで達しています。

将棋の世界でも、人工知能が人間の盲点を突いてきた手について、「やってみたら、この組み合わせも案外良いのではないか」と受け入れられることも増えてきました。今では人工知能の指した手が定跡《じょうせき》になっていく事例さえも出てきているのです。

## 人工知能から新たな思考を紡ぐ

このように、人工知能が提示したアイデアを参考にしながら新しい手を考えたり、さらにそこから将棋の技術が進歩したりするケースが、すでに非常に多く起こっています。人工知能が学習する一方で、人間の側も人工知能から学んでいるのです。

私自身も、こんなすごい速度で学習をしているものが目の前にあるのだから、単に答えを与えられるだけではもったいないと考えています。

人工知能のアルゴリズムのあり方から何かを吸収して、例えば新しい「美意識」（第二章参照）を提示しようと考える発想の方が、むしろ建設的であり、意義深いように思います。

よく取材でも答えるのですが、私自身は、将棋ソフトを日常的には使っていません。ただ、先ほど人間には理解できないと書いた、「三駒関係」の問題について、何か理解する方法はないだろうかと考察することはあります。さらに、人工知能が出した答えから、自分の思考の幅を広げていく可能性を探求する道もあるはずだと思います。

ただ、こういう話とは別に社会のなかで多くの人々が人工知能の出した結果にいかに納得するか、というテーマもあると思います。物事を判断・決定する際に、決定者がその問題を理解していない人に向けて、理解できるようにわかりやすく説明できるかどうかは、基本的だけれどもとても重要なことではないでしょうか。多くの人にその決定を納得してもらうには、理解を補助する何らかのプロセスが必須だと思います。いわば、人工知能版の池上彰さんのような存在が求められるのかもしれません。

また、膨大なビッグデータをうまく処理して、可視化する「ビジュアライゼーション」

の技術は、これから先、とても大きな需要が出てくると考えています。人工知能が何をやっているのかわからないときに、それが何かを明快に説明する技術は重宝されるからです。

いずれにせよ、人工知能が社会に浸透していくことが確実視される今、セカンドオピニオンとしての人工知能を使いこなすことが、今後ある種のスキルとして問われていくのはほぼ間違いないでしょう。

## 人工知能にふなっしーは生み出せない

その一方、人工知能と比較して、人間が得意なこともわかってくるように思います。

例えば、天気予報です。当初ほんのわずかな違いだったものが、時間とともにとてつもない違いになることで、コンピュータでも予測できない複雑なものを「カオス」と呼びます。天気はその一つです。もしくは、政治的な判断もそうですが、このような様々な要素が絡み合っているなかで何かを決定する行為は、まだまだ人間に一日の長があるように感じます。

あるいは、創造性はどうでしょうか。これまで述べてきた通り、人工知能が持っている創造性と人間が持っている創造性の間には、大きな隔たりがあります。だからこそ、セカンドオピニオンとしての人工知能の可能性があり得るのですが、それが究極的な意味でクリエイティブなものに結びついていくかと言うと、なかなか難しい問題です。

第三章でも詳しく述べますが、昔の画家のデータを計算して、その絵画の筆致にそっくりな絵を描く人工知能があります。同様の人工知能は、作曲の分野などでも登場していま す。人工知能が芸術作品を作る可能性が出てきた今、そもそも人間の芸術活動は本当に創造的なのか検討することも含めて、「真の創造とは何か」が問われていると思います。

一体、「創造」とは何でしょう。私見を言えば、「創造」の九九パーセントは、今までに存在したものを、今までにない形で組み合わせることではないか、と思っています。こういう部分は、確かに人工知能が得意な領域かもしれません。

しかし、残りの一パーセントか〇・一パーセントかわかりませんが、何もないところから、あたかも突然変異のように生まれてきた、破壊的イノベーションは存在するように思うのです。

ちなみに、私は人工知能について講演や対談を行うとき、「人工知能がどれだけ進化を遂げても、ふなっしーを生み出すことはできないのではないか」と話すことがあります。少し褒めすぎかもしれませんが、ふなっしーは、まさにそんな破壊的イノベーションの一つではないでしょうか。そして、こうした創造行為こそ、人間にとって強みのある領域であるように思えるのです。

ただ、将棋のような世界では、仮にそういう新しいアイデアを見つけたとしても、皆が、「すごい」とは思ってくれないかもしれない……とも感じています。と言うのは、観る人がどこかで、「コンピュータと一緒に分析して見つけたのではないか」と考えてしまったら、素直に感動できなくなる気がするからです。

実のところ、人工知能が先んじて普及したチェスの世界では、二一世紀に入ってから、人間が自力で検討して、画期的な一手を見つけたという話は聞きません。どんなGM（グランド・マスター。チェスプレイヤーの最高位のタイトル）でも、チェックの段階でコンピュータを使うのは当然のことです。しかし、ともすれば、ニュートンの「万有引力の発見」のような感動的なエピソードは生まれにくいかもしれません。

さて、そんなふうに日常的に、人工知能が人間をサポートしたり、人間が人工知能から学んだりする社会が来たら、何が起きるのでしょうか。人間は、あたかもすさまじく頭が良くなったかのように振る舞いだすのではないでしょうか。

ちなみに、脳科学者の茂木健一郎さんは、現代社会は人間のＩＱがせいぜい一〇〇程度だという前提で作られていると言っていました。そして、茂木さんはもし人工知能のＩＱが四〇〇〇になったらどうか、とも言うのです。そのときには社会のあり方がまったく変わる可能性があります。

もし、外付けハードディスクのように、あるいはスマートフォンのようにＩＱ四〇〇〇の人工知能を持ち歩ける時代が来たら――。

もちろん、この話は人工知能が引き起こす変化の可能性の一つの思考実験であって、ＳＦめいたところがあります。しかし、そこには検討すべき、とても興味深いテーマが存在するように感じられるのです。

人間は、人工知能とどのように共存していくべきか。この問いの答えにたどり着こうと、自分なりに思索を重ねてきました。もちろん、私はその「正解」を手にしてはいませんが、コンピュータ将棋の世界で起きたことやＮＨＫスペシャルの取材で得た知見を手がかりに、少しでも近づきたいと思っています。

## レポート❶——ディープラーニングをさらに〝深く〟

### なぜ、ハサビスだったのか

羽生さんと私たち取材班が、人工知能をテーマにした番組制作について打ち合わせを始めたのが、二〇一五年五月。当時、トップ棋士イ・セドル氏との対局はもちろん、アルファ碁という名前すら耳にしたことはなかった。

ただ、グーグルに買収されたディープマインドという会社に、デミス・ハサビスという天才的な科学者がいることは把握していた。人工知能にゲームを学ばせて、あっという間に熟練ゲーマーを超えるスコアを叩《たた》き出したという。

例えば、アタリ社のブロック崩しのゲーム「Breakout（ブレイクアウト）」。人工知能は、わずか四時間の学習で、ルールを覚えるだけではなく、高得点を出す戦略を自ら編み出していた。しかも、成果はそのゲーム一つだけではない。プロゲーマーよりも高い得点を記録したゲームは、二九種類に及んだという。

この人工知能のアルゴリズムは「ＤＱＮ（Deep Q Network）」と言い、Nature誌の表紙を飾る論文として掲載された。（ハサビス氏を取材した際、「日本では、『ＤＱＮ《ドキュン》』という別の単語があるんですよね……」とはにかみながら話していたのがとても印象に残っている。）

論文では、人工知能が「自らルールや特徴を認識して、戦略を立てて最適解にたどり着く」ことが記されていた。当時、世間を賑《にぎ》わせ始めていた「ディープラーニング」の真骨頂がここにあるのではないか。デミス・ハサビス氏に取材をすることで、人工知能の最前線と未来を感じ取ることのできる番組になるのではないか。そんな思いからこの番組の企画は出発している。

ところが、実際に企画が立ち上がって取材を進めるうちに、アルファ碁が彗星《すいせい》のごとく登場した。さらにリサーチを重ねると、なんとハサビス氏が羽生さんのファンであることもわかった。「羽生さんがイギリスに来るのであれば、是非お会いしたい」。独占取材を許されたのだ。

## 二人の一致点

羽生さんに、およそ二週間にわたって同行していただいた海外取材。その前半の山場が、都合二回訪れたディープマインド社でのものだった。初日には、アルファ碁とイ・セドル氏の対局の詳細を発表する記者会見が行われた。ロンドンとソウル、インターネットを介しての対面。それぞれに自信をのぞかせる会見だった。

会見後、会場に羽生さんがいることに気がついたハサビス氏が、羽生さんのところに駆け寄ってきて「お会いできることを楽しみにしていました」と声をかける。二人は挨拶もそこそこに、初対面とは思えない打ち解けた様子を見せていた。

撮影二日目、オフィスに到着するとさっそく、同社のスタッフが用意したチェス盤に、ハサビス氏本人がそれぞれの持ち時間を示す対局時計を持参して、二人の対局が始まった。そして互いの手を確かめ合うと、たった一〇分足らずで二人は旧知の仲のようになったことが、今でも印象に残っている。天才同士にしかわからない、通じ合うものがあるのだなと、傍《そば》で見ていて感じた。

羽生さんは、ハサビス氏を、「王道をいく本格派」と評していたけれども、私から見た彼の印象は、「努力に裏打ちされた自信家」だ。なにしろ毎晩夜中の一二時から朝四時までを、世界中の論文を読む時間にあてているという。

経営者としては、非常にバランスが取れたタイプでもある。彼は人工知能開発から生まれたものが社会に与える影響についても敏感だ。二〇一四年、グーグルにディープマインド社が買収されることの条件として、ハサビス氏が、「倫理委員会の設置」を挙げたというエピソードからは、その高い倫理観も窺《うかが》える。

取材を申し込んだ時には、広報スタッフから番組の趣旨について細かく聞かれた。当日も、人工知能の社会への悪影響というテーマに話が及ぶと、ハサビス氏も端々で「そういう問題があることは承知しています」と繰り返した。

人工知能を開発することには重い責任が伴う。そして、人工知能は活用の仕方によって、社会への脅威と言える事態を引き起こす可能性もある。ハサビス氏はそれを肝に銘じながらも、人工知能がもたらすであろう明るい未来を見据えていた。二時間ほどの対話だったが、羽生さんとハサビス氏は、人工知能の開発はとどまることはない、それを前提に人類は前進しなければならない――という見解で一致した。

## 画像認識が強み

ハサビス氏が開発したアルファ碁とは、一体どんな人工知能なのか。私から簡単に補足させていただきたい。

そもそも人工知能と言うと、SFに出てくるような巨大なマシンやロボットを想像する人もいるかもしれない。しかし、実態は、単なる「ソフトウェア」である。アルファ碁の対局の際に、イ・セドル氏の目の前にあったのも、小さなパソコンだった。では、そのソフトウェアはどんなアルゴリズムで動いているのか。その基本となる仕組みこそが、「ディープラーニング」だ。

ディープラーニングとは、端的に言うと、「学習の仕方を覚える仕組み」である。例えば、私たちが水を飲むときなどに使う「コップ」という存在を人工知能に学習させたいとする。写真を見せては「これはコップ」「これはコップではない」と、人間が正解と間違いが何かを示していく。しかし、ディープラーニングの場合、それが「どういう特徴ならばコップなのか」を、人間が教える必要はない。人工知能が出してきた答えに対して、正解か間違いかを教えさえすれば、その見抜き方（特徴）を勝手に学習してくれる。これが、ディープラーニングのすごいところなのだ。

この技術が特に効果を発揮しているのは、例えばレントゲンによる診断のような、画像を用いた領域である。人間には見分けのつかない、数万に及ぶ細かな特徴を認識することが可能だ。一ミリ未満のサイズでの画像認識を行い、初期のがんや、血管の異常をあぶり出すことができる。

他にも、画像による人物特定への使用にも期待が寄せられている。例えば、公共スペースで、複数の防犯カメラで捉えた特定の不審人物の情報を集め、そこから構築された人物像をもとに、まったく別の場所で撮影されたその人物を追跡できるという。しかも、それは後ろ姿だとしても認識できるというから驚きだ。

この高い認識力こそが、将来的には医師などの高度な専門職が、人工知能に置き換わるのではないかと言われる根拠なのだ。

## 誤差逆伝播法

羽生さんはディープラーニングのエッセンスを、伝言ゲームに喩えていたけれども、ここでは、そのメカニズムを詳しく見ていきたい。

人間の脳は刺激を受けると、多数の神経細胞（ニューロン）同士がつながり合い、あるいはつながりを強めたり弱めたりしながら、情報を伝えたり処理したりしているという。しかも、ニューロン同士の連絡は一対一ではなく、「多対多」。つまりニューロンへの入力もそこからの出力も複数の経路を通して、文字通りのネットワーク状につながっているとされる。

例えば、一つのニューロンに複数の経路を通って電気信号が入力され、その信号の合計がある一定の値（閾値《いきち》）を超えるとニューロンが興奮し、次のニューロンへ信号を伝達するが、それ以下のときは伝達せず、信号はそこでストップする。また、あるニューロンからの入力は結合度が高く、電気信号が強いが、別の入力はそうでもない、というような電気信号の通りやすさを調節する「重みづけ」が、これまでの経験（学習）から形成されていると考えられる。

ディープラーニングを支える仕組みである「ニューラルネットワーク」は、この脳のネットワークに着想を得たものだ。例えば、手書きの「あ」という文字画像を認識させるとする。手書きなので、いろいろな形の違う文字があり、ある文字は「あ」と認識するが、別の文字は「め」と誤認するというようなエラーが生じることもある。その場合は、ネットワークのどこかに問題があると考えられる。神経回路のどの場所で、誤差が大きくなったのかを「逆にたどって」、情報の通りやすさに関して、どこかの結合の「重みづけ」を変更すれば（重みをゼロにする、つまり伝達しないことも含める）、うまくいくかもしれない。羽生さんの説明にある、伝言ゲームでミスが生じた場合、どこに原因があるのかを探ってその人に外れてもらうとか、間違った場所を修正して、もう一度ゲームに参加してもらう、というイメージだ。

認識エラーが発生したという結果から遡って、つまり信号が逆方向に流れて、問題のありそうなところの「重みづけ」を自動的に変更する、というようなことを繰り返せば、認識の精度は向上するはず。これが「誤差逆伝播法」と言われる手法で、ディープラーニングは、この手法に工夫を加えて出来ているアルゴリズムだ。

## アルファ碁は二段階で手を絞る

アルファ碁はディープラーニングに加えて、次に打つ手の「読み」の数を減らすアルゴリズムを取り入れている。羽生さんが、「ポリシーネットワーク」と説明をしたものだ。

チェスのプレイヤーでもあるハサビス氏は、「手を絞る」アルゴリズムを、アルファ碁に組み入れていた。しかも、これを二段階行う。最初に次の手を絞り（Value Network／バリューネットワーク）、次に、何手先まで読むのがふさわしいか、局面ごとに判断して（ポリシーネットワーク）、必要最小限の深読みから、最善の手を選び出すのだ。

しかし、この手法自体は、コンピュータ技術者にとっては、特段難しい話ではないという。「モンテカルロ法」と呼ばれる、シミュレーションや数値計算の手法を使って、局面ごとに増えていく手（探索木）の勝ちやすさの確率を弾き出していく。このモンテカルロ法は、プログラミングの入門書にも出ているし、よく知られている。ある一定の勝ちやすさの値を超えるまでは計算を続けて、それを超えたら計算を打ち切る。ざっくりと「ここを調べたらうまくいきそう」と読んでいるのだ。

そう聞くと、なんだか適当に聞こえるかもしれない。しかし、こうして相手にしなくてもいい戦略を排除すれば、本当に考えるべき戦略だけを徹底して深く考えられる。ある意味では、現在の人工知能が、プロ棋士たちの知性に本質的な意味で迫りつつあるとも言えるし、かねてそれを持論としてきた羽生さんの分析力の正確さを示すエピソードだろう。

## GPUとIoT

このようにディープラーニングの技術は目覚ましい進化を遂げている。しかし、そのコンセプトそのものは、意外にも古く、三〇年以上前からあるものだった。ただ、その計算には膨大な演算処理を並列して行うことが必要で、それができるハードウェアが当時は存在しなかった。しかし、ついにコンピュータの発達は、ディープラーニングの計算を現実的な時間で可能にするところまで来た。

コンピュータの画像処理や演算処理の高速化を可能にする「GPU（Graphics

Processing Unit)」というハードウェアを開発・提供する、NVIDIA（エヌヴィディア）という半導体メーカーの業績が最近伸びているのは、その象徴である。

そして、もう一つ重要なのが、インターネットと「IoT（Internet of Things／モノのインターネット）」の登場だ。

ディープラーニングで人工知能に正解と不正解を認識させるには、五個や六個のデータでは足りない。それこそ、時に何千万という数のデータが必要となる。

従来、それだけのデータが存在している分野は、限られていた。ところが、インターネットや「IoTデバイス」の登場が、状況を変えた。「IoT」とは、世のなかに存在する様々な物体（モノ）に通信機能を持たせることで、相互に通信したり、インターネットに接続したりする仕組みである。これにより、自動認識や自動制御、遠隔計測などが可能となる。そして、私たちの発言や撮影した画像、あるいは行動や心拍数さえもがデータ化されて、第三者に送られていく。プライバシーの観点からの議論もあるが、人工知能がここに来て膨大な量のデータを活用できるようになった大きな要因の一つと言える。

## 世界の研究者vs羽生善治

羽生さんとの番組制作についても書き留めておきたい。

レポーター役を依頼したときは、忙しい対局の合間に海外も含め取材に同行することが可能かどうか不安だったが、声をかけてみると、羽生さんは即座に引き受けてくれた。元々、たくさんの研究者と対話を重ねていたこともあって、羽生さんは、人工知能に強い関心を抱いていた。「見ると聞くとでは大違い。一緒に取材に行けるのなら是非……」と、快諾してくださった。

定期的に連絡を取り合い、番組制作チームが行った取材の報告をしながら、タイトル戦の最中になんとかまとまった時間をいただき、二〇一六年の二月に海外取材、三月には国内取材を行った。

羽生さんと取材に行くと、先々で驚くような出来事が起きた。

例えば、デミス・ハサビス氏が、わざわざ自ら対局時計を持参してチェスを打ってくれた。あるいはソフトバンク社が開発するロボット「Pepper」の取材時には（第三章参照)、テレビ局の単独インタビューを実はほとんど受けていない、同社会長の孫正義氏が私服でふらっと現場を訪れた。

その理由は、人工知能に携わる世界中の研究者が、羽生善治という現代最高の知性が人工知能をどう考えているのか、興味津々《しんしん》だったからだろう。ハサビス氏にいたっては、そもそも羽生さんの大ファンだったのだから。

羽生さんは、移動中も資料を読んで常に取材に備えていた。海外では、時に専門用語を交えた、英語を駆使してのインタビュー。相手の発言にしっかりとついていき、それを受けて鋭く質問を返す。ハサビス氏の「音楽のように数学的な分野は、人工知能で扱いやすい」などの印象深い発言は、羽生さんとのそんな丁々発止《ちょうちょうはっし》のやりとりから生まれたものだ(第三章参照)。孫正義氏も、羽生さんとの会話に、非常に感銘を受けているように見えた。

どんなときでも柔軟に、曇りや偏見なく自分の頭でものを考えていく——。その姿勢はまさしく盤上での羽生さんの将棋のようだった。私たちの番組は、羽生さんの思考と、柔軟な感受性のもとに結実したものだと考えている。

# 第二章　人間にあって、人工知能にないもの

## ――「美意識」

## ロボットは、見知らぬ家でコーヒーを淹れられるか

第一章では、まずは私が人工知能について思うところを、書き連ねてみました。

高度に発展した人工知能が登場したことの意味は、人間の知性を超える存在が現れてしまった……という単純な話ではないのです。現在の人工知能には、明らかに得意な分野と苦手な分野があり、まだまだ万能の存在ではありません。それどころか、人間には簡単にできることが、まったくできないこともあります。

例えば、知らない人の家に行ってコーヒーを淹《い》れるのは、人間ならさほど難しくないでしょう。家のどの辺にコーヒー豆があり、カップやフィルターがあり、ここでお湯を沸かして……と、自分で見当をつけることが簡単にできると思います。

ところが、人工知能ロボットでは、そうはいきません。見知らぬ場所に行ったら、コーヒー豆の置き場所一つ取っても、あり得る無数の可能性を前にして、うまく探せなくなってしまいます。何十万桁《けた》の計算を一瞬で行う一方で、とても簡単なことができないのです。

とはいえ、社会のなかでどんどん人工知能が使われているのも事実で、その影響なしに

生きていくことも難しいと思います。だとすれば、第一章でも説明した通り、人工知能の言うことが絶対の正解ではないという前提で、私たちはその使い方を考えていく必要があります。

そのときに、まず私たちは「人間の思考」と「人工知能の思考」がどういう点で異なっているのかを、しっかりと理解するべきではないでしょうか。

そこで、この章では、その二つを具体的に比較していきます。まずは将棋の棋士が、一体どのようなメカニズムで指し手を選んでいるのか、私自身の経験も披露しながら、お伝えします。その上で、人間と人工知能の似ている部分と異なる部分を明らかにしていきたいと思います。

## 棋士は何手先まで読めるのか

対局の際、棋士は大まかには三つのプロセスで将棋を考えます。

盤面に向き合った棋士は、相手の指し手を受けて、「直観」で大まかな判断をするところから始めます。

よく取材で、「何手先まで読めるのですか」と質問されます。実は、なかなか答えるのが難しい質問です。と言うのも、棋士は、あまり手を数えていないからです。実は、私たちは大量に手を読んでいるわけではありません。むしろ、棋士は「直観」によって、まずはパッと手を絞り込むのです。

将棋は一つの局面で、平均八〇通りの指し手があると言われています。それを、「ここは中心ではない。急所、要点ではない」と、思い切って二、三手に絞るのです。カメラで写真を撮る際、ピントを合わせるように、「これこそが問題の中心だ」と思うところにフォーカスしていくイメージです。そして、それ以外の可能性は最初から考えません。あり得る手を全て検討していたら膨大な時間がかかってしまいます。

つまり、ゼロから一つずつ積み上げて考えるよりも、まずは「大体、あの辺りだな」と目星をつけて、その上で論理的に考えていく方が、より早く答えに到達できるというわけです。

ただし、ここで言う「直観」は、決してやみくもなものではありません。あえて言葉で表現するなら、「経験や学習の集大成が瞬間的に現れたもの」です。あるいは「今、自分はどこにいてどの方向に進めばいいのか」を、大まかにつかむ〝羅針盤〟のようなものです。これはその棋士の、これまでの歩みやストックしているデータによって裏づけられています。

## 「大局観」の極意とは

こうして手を絞り込んだ後に、今度は「読み」に入ります。これが第二のプロセスです。

これは相手の次の手、それに返した場合の次の手、というように、とにかく先の手を予想して、シミュレーションしていく作業です。

しかし、ここで出てくるのが「数の爆発」です。なにせ、指し手の可能性は、掛け算で増えていきますから。こっちが三手を思いつき、それぞれに相手からの返しとして三手を思いついたとしたら、もうそれだけで九通りです。これを一〇手先まで続けると、三の一〇乗、六万弱の可能性を検討する羽目になります。

もちろん、これを全て読むことは人工知能にとっては一瞬ですが、人間にとっては現実的ではありません。「直観」によって手を絞り込んでいるにもかかわらず、一〇手先を全て読むことは、多くの人が想像する以上にはるかに難しいことなのです。

そこで登場するのが、三番目の「大局観」です。その極意は、「木を見て森を見ず」ではなく、全体を見ることでしょうか。

そのためには、具体的な一手から離れることが大事です。例えば、「この飛車を動かすのか、維持するのか」。そういう一手一手を検討することからあえて離れ、序盤から終盤までの流れを総括して、先の戦略を考えるのです。

この「大局観」の一番のメリットもまた、第一のプロセスである「直観」と同じで、無駄な考えを、ここでいっぺんに省略できることです。大局を見通すなかで、「ここが好機だ」と思えば、何万通りもの手のなかから、「攻める選択肢」だけに絞って、考えれば良くなるというわけです。

**計算力から経験値へ**

「大局観」は、これまでの対局での経験値が活かせる部分です。

今、自分の将棋を振り返ってみると、一〇代や二〇代の頃は、記憶力や計算力を中心に指していたような気がします。対局全体にかける思考のプロセスのうち、「読み」の部分の計算力の占める割合が圧倒的に高かったのでした。

しかも、若い頃は記憶力もあれば、勢いもありますし、冒険もできます。経験値がない分、いわば「いいとこ取り」の戦術が取れることもあるでしょう。

また、瞬発力も変わる気がします。実際、持ち時間一〇秒のような限られた時間で素早く手を選ぶように言われたら、若い頃の方がより良い手を選ぶ力も高かったかもしれません。

それでも、プロになって三〇年が経ち、四〇代になった今の私が、もし二〇代の私と対局したら——勝つかどうかは、なんとも言えませんが——、それなりにいい勝負になるとは思っています。

なぜなら四〇代の私は、対局の経験値を蓄積してきたことで、「大局観」においては若い頃より伸びていると思うからです。

そのことで着手（次の一手）を考える際も、四〇代半ばの今は、二〇代、三〇代の頃とは変わりました。最初に局面全体の方向性を大ざっぱに「直観」で捉えて、そこから細かいところを論理的に詰めていく「読み」のプロセスに入る——ここまでは以前とあまり変わりませんが、局面全体を捉える「大局観」に力を傾ける比率が以前に比べて、明らかに高まっています。

若い頃は、指し手を読んでいって、この筋はだめだとわかったら、おおもとに立ち返ることを繰り返していても、体力や勢いでどうにかなる部分もありました。

でも、年を取ると、このやり方では体力の消耗が大きくなります。また、そもそも的外れなところにとらわれることは時間の無駄です。しかし今では、最初の段階で「見切りをつける」ことで、大幅に体力と時間が節約できるようになっています。

ただ、実戦での話を言うと、それを対局の場でうまくまとめきれるかどうかは別問題です。ですから最近は戦略として、この経験値が活かせるような局面に持ち込んでしまうことを最初から考えるようにもなっています。

つまり勝負における、「アクセルとブレーキの微妙な踏み加減」のような、絶妙な感覚を活かせる勝負になれば、体力も記憶力も勢いもある、若手の棋士にも差をつけていけるというわけです。

「直観」、「読み」、そして「大局観」。まとめると、棋士は、この三つを使って対局中に思考します。

こうすれば、三〇分程度で手が選べます。もちろん、対局では一時間、二時間と絞り込んだ手の検討に時間を使うことがありますが、それは最善手を選ぶためです。

ただし、時間をかけるほど良い手が選べるかと言うと、必ずしもそうではないのが難しいところです。ちなみに、私がこれまで使った最大の長考は四時間弱ですが、今振り返ると五秒でも同じ手を指したと思います。

## 将棋はマイナスになりやすい

さて、ここで面白いのが、棋士は思考の際に、とにかく無駄な手を「引き算」で削っていくのを大事にしているということです。

しかも、こと将棋においては、他のゲームよりも、この「引き算」をしていく発想が大事かもしれません。というのも、将棋は、実は自分の手番で、本来なら「何もしない」のが最適解である場面がとても多いゲームだからです。

これは囲碁との大きな違いです。

デミス・ハサビスさんと話したとき、ハサビスさんは多くのマインドスポーツをたしなむ経験から、囲碁の特徴を次のように語っていました――「どこに打ってもいいような手がいっぱいある」と。

実際、囲碁の世界には、「一局の碁」という言葉があって、正しい手は一手だとしても、どうにでも打てるという考え方があります。いきなり「星」《ほし》*1に打ってもいいし、「小目」《こもく》*2に打ってもいいし、「三々」《さんさん》*3に打ってもいい。もちろんアルファ碁のようなソフトが提示する手は素晴らしいものかもしれないけれども、それも実は一部にすぎません。

その裏を返せば、囲碁では、「この一手を打つ以外は、全てマイナス一〇〇〇点になるような悪手だ」というような局面は、極端に少ないのです。と言うことは、ミスの差が小さいゲームとも言えます。

ところが、将棋ではまさに、「この一手以外は、全部マイナス一〇〇〇点になる」ような手が頻出するのです。

ですから、将棋が強くなるために一番大事なことは何かと聞かれたら、私は、それは「だめな手が瞬時にわかること」だと回答します。なぜかと言えば、いくらたくさんの手が読めても、そのなかにだめな手が一つでも入っていると、その先の「読み」が台なしになるくらいに、将棋では最善手と次善手の差が大きいからです。

## 「図形の認識能力」が鍵

この「だめな手が瞬時にわかること」は、「直観」と「大局観」のところでも書いたように、実戦での経験の蓄積から身につくものです。では、そもそも人間は、どういう経験が身につきやすい、つまり記憶に残りやすいのでしょうか。

一つ、例を挙げます。

実は、将棋のルールを覚えたての人同士の棋譜を認識するのはすごく大変なのです。セオリー通りに指されておらず、言ってみれば形がめちゃくちゃなので、正しく評価したり、認識したりすることが難しく、なかなか記憶に残りません。

将棋は他のボードゲームと同様に、「図形の認識能力」が必要なゲームです。駒の配置はそれぞれ個性を持った「図形」になっているので、その形の良し悪しをきちんと理解できることが、強さと結びついてきます。

その一方で、プロの秩序だった棋譜はとても覚えやすいです。「秩序がある」ということは、さらに言えば、いわゆる基本の形に近いことだと思います。基本の形に近ければ近いほど、人間は認識しやすいように出来ています。だから、過去にあったものや、ぱっと見たときの印象で慣れ親しんだものだと感じられると、記憶に残りやすい。それは形の面からも、ロジックの面からも言えることです。

さらに問いを進めましょう。

では、なぜ基本の形に近いものが記憶に残りやすいのでしょうか。その理由は、棋士がどうも大きなかたまりを把握することで、駒の配置を単純化して、盤面を記憶しているからだと思います。

実際、プロ同士の普通の局面なら、私は五秒もあれば四〇枚の駒の配置を記憶できますが、ランダムに置かれた配置は、なかなか覚えられません。一度試したことがあるのですが、一〇回やって一〇回とも全て記憶できなかったことがあるくらいです。ランダムな手というのは、それほど覚えにくいのです。

そして、将棋における「美意識」と、「読み」を効率良く捨てていく作業が結びつくのは、まさにここにあります。

と言うのは、この基本の形に近い手から外れた、覚えにくい形を見ると、今度は妙な違和感を覚えてくるのです。皆さんも本を読んでいるとき、文法的には合っているのに、なぜかリズムや書き方が気持ち悪く感じる文章に出合ったことはないでしょうか。

ルール上は間違っていないのに、なぜか非常に指しにくかったり、違和感があったり、抵抗感がある。「これはうまい手だよな」と思っても、どうしても指すのが嫌な手というのはあるものです。

その一方で、「この手は美しいな」と思える手もあります。しかも、そういう手は、対局を進めていくなかで、とても秩序だった筋の良い手であるとわかってくることが多いです。

実のところ、私は、棋士が次に指す手を選ぶ行為は、ほとんど「美意識」を磨く行為とイコールであるとさえ考えています。筋の良い手に美しさを感じられるかどうかは、将棋の才能を見抜く重要なポイントなのです。この自らの「美意識」をいかにきめ細かく磨き込んでいくかが、将棋の強さに関わってきます。

人間がどうして、いきなり九〇パーセントくらいの手を「直観」で捨てて、何万手という「読み」の方向性を、「大局観」で制御していけるのか。

この大きな取捨選択の核となるものが、「美意識」なのです。これが良い形で作られていないと、外さない範囲に「読み」を限定するのが難しくなってしまいます。

## 一〇〇万局、三〇〇〇万手

それに対して、コンピュータや人工知能を使用したゲームのソフトは、どのように手を選んでいるのでしょうか。

後述するように、最近は異なる面もありますが（それが重要なのですが）、その最大の特徴は人間とは比較にならない量の、計算を行うことです。盤面に現れる可能性を検討して、膨大な数の手を読んでいくわけです。

ここで鍵になるのは、第一章で紹介した、「ビッグデータ」と「ハードウェアの向上」

です。

例えば、チェスの世界では一九九七年に、ＩＢＭが開発したディープ・ブルーが当時の世界チャンピオンを打ち破りました。ここで重要だったのは、チェスには対局の記録を取る文化があり、アマチュアの棋譜までもがたくさん残っていたことです。

なにしろ当時、すでに一〇〇万局もの過去の対局がデータベースとして残っていたと言います。それに加えて一秒間に二億局面を考えられるハードも使用していました。

「エンドゲーム」と言われる、終局に近づくにつれて駒が少なくなる局面の完全なデータベースがあったことも有利に働いています。膨大な棋譜のデータと計算処理能力の組み合わせがあれば、ソフトがそれほど洗練されていない二〇年前でさえも、コンピュータが人間に勝利できてしまうのです。

このコンピュータの力が物を言うのは、基本的にはアルファ碁も同様です。

ネット上に存在する、約一五万局分の人間同士の棋譜をもとに、アルファ碁の基礎部分の学習は進められました。なんと三〇〇〇万手にも及ぶ、局面と打ち手を経験させたそうです。その後は、アルファ碁同士で対局させて、統計として信頼できる値のレベルのデータを集めて、強くしていったと言います。その数は、およそ一〇〇〇万局に及ぶもので、人間だと一〇〇〇年はかかるそうです。

一〇〇〇万局と聞くと途方もない数に思えますが（実際途方もないのですが）、アルファ碁同士ならおそらく、一〇秒以内に一局が終わるので、ディープマインド社の高速計算を可能にするコンピュータを使えば、それほど時間はかからないのでしょう。

将棋ソフトにおいても、この事情は変わりません。第一章でも紹介した、チェスのプログラムに使用される「ストックフィッシュ」というソフトを、「読み」を探索するアルゴリズムに用いて、コンピュータ同士で一秒一局、一〇秒一局などのバリエーションで猛練習をしている場合もあります。

## 「オープンソース化」が進化につながった

そんなふうに「読み」を進めたら、今度は最適な手を選ぶことになります。人間であれば「大局観」を用いて絞り込んでいきますが、コンピュータの場合は「評価関数」と言われる、その局面の形勢を評価するアルゴリズムを使います。

将棋ソフトの場合、評価関数をどれだけ正確にしていくかが重要なポイントです。プログラムによっては三〇〇ぐらいの評価項目を作っているとも聞きます。

この評価関数については、二〇〇五年に公開された「Bonanza（ボナンザ）」という将棋プログラムの登場が決定的でした。実はBonanzaが登場するまで、将棋のプログラムはアマチュア五段くらいで伸び悩んでいたのですが、最近は目覚ましい発展を遂げています。

これは、評価関数のアルゴリズムのすごさもさることながら、「オープンソース」という、無償かつ誰もが自由に使える形で公開・配布されたことが大きいと思います。

それの何がすごいのでしょうか。例えば、球速一六〇キロの剛速球を投げられるプロ野球の大谷翔平選手が同時にたくさん存在する世界を想像してください。もちろん、現実の大谷選手は一人しかいませんが、オープンソースのプログラム（大谷選手）はいくらでもコピーできます。しかも、その能力を改良することも自由なのです。大谷選手が各球団にいるようになったら、それまでエース級だった選手も先発から外されるでしょう（実際にはコピーされたプログラムは本家よりも少し弱いことがほとんどですが）。

実は、将棋ソフトは一〇年くらい前からあまり売れなくなりました。無料の将棋プログラムが強くなりすぎて、ビジネスとして成り立たなくなったのです。

それでもなお、将棋プログラムを開発するプログラマーたちは、驚異的な情熱でソフトの改良を続けました。その切磋琢磨によって細かい修正が重ねられ、こうしている今も驚異的な速度で強くなり続けています。

## 「美意識」はいかに獲得されたか

ここまでの話をまとめると、人間が「直観」「読み」「大局観」の三つのプロセスで手を絞り込んでいくとすれば、人工知能は超大な計算力で「読み」を行って最後に評価関数で最善の一手を選ぶという形になります。

ここで人間にあって人工知能にはないのが、手を「大体、こんな感じ」で絞るプロセスです。棋士の場合には、それを「美意識」で行っていますが、人工知能にはどうもこの「美意識」にあたるものが存在しないようです。

それは一体、なぜでしょうか。

私はその理由は、人工知能に「恐怖心がない」ことと関係していると考えています。第一章でも少し触れましたが、人工知能はただただ過去のデータにもとづいて、最適解を計算してきます。そのため、人間の思考の盲点になるような手を「怖いもの知らず」で平然と突いてきます。そんな危険な手をなぜ選ぶのかと驚くことさえあります。

こういう、人間の思考の死角や盲点のようなものは、どうも私には、防衛本能や生存本能に由来しているように思えてなりません。人間は、生き延びていくために、危険な選択や考え方を自然に思考から排除してしまう習性があるような気がします。

ここで面白いのは、先ほどの繰り返しになりますが、棋士が「美意識」で手を絞り込むとき、「美しい」と感じられるのが、基本の形に近い見慣れたものであることです。私には、人間の持つ「美意識」は、「安心」や「安定」のような感覚と近しいものであると思えるのです。一方、ある局面で危険を察知すると、「不安」や「違和感」を覚え、どんなに上手な手に見えても打たなかったりする——。

「美意識」とは、人間が長い歴史のなかで獲得してきた本能のようなものかもしれません。しかし、この「美意識」を持っていることは、人間にとって強みであると同時に弱みにもなり得ると思います。

なぜなら、人間が「悪い手」だと考えた手が、ディープラーニングで学習した人工知能によって、「良い手」となる可能性もあるからです。実際、将棋における局面の可能性は、膨大にあるので、私たちが「美意識」のなかでは認識できていない他のところに、確度の高い選択肢がある可能性は十分にあります。

結局のところ、私たち棋士が現在見ているのは、将棋のほんの一部の可能性で、全体からすればとても狭い領域にすぎません。

そのなかで私たちは、自分たちの経験から培った「美意識」を働かせて、「筋が悪い」「形が悪い」と、「直観」や「大局観」で感じているだけですから、自分たちの知らない世界に十分に「良い手」が存在している可能性はあるのです。

つまり、人間の思考というものは、あらかじめ「美意識」によって狭められていて、選択肢を減らされているのではないでしょうか。そして、そこにスポットライトを当てただけでも、将棋ソフトや人工知能の意義は非常に大きいと言えるのではないかと、私は考えています。

しかし、これが社会のなかに導入されていく段階になると、人間が人工知能の判断に納得できるかどうかは、より厳しく問われるでしょう。「美意識」に適《かな》う、ということは、やはりとても高いハードルだからです。

いくらこれが正しい手だと言われても、生理的に指したくないという経験は、将棋の棋士にはよくあることですし、囲碁やチェスでもよくあることだと思います。社会のマナーや倫理の問題となれば、さらに大きな問題になるのではないでしょうか。

私は、「人工知能が恐怖心を覚えるようになったときが、本当の恐怖かもしれません」と冗談めかして言うことがあるのですが、それは人間にとっても得体の知れないものになるからです。

## 将棋ソフトと対戦するときの対策

それにしても、こんなふうに人間の感性と違う面を持つ人工知能と、私たちはどう向き合っていけばいいのでしょうか。

時々、「コンピュータと将棋を指すのは楽しい行為なのか」と聞かれることがありますが、「人と将棋を指すよりもつまらない」というのが、私だけでない、一般的な回答になると思います。実際、普段の楽しみで、コンピュータソフトと対局する棋士を私はほとんど聞いたことがないですし、「ホビー」として成立していない印象を持っています。

例えば、「floodgate（フラッドゲート）」という、将棋のソフトを自由に対局させるウェブサイトがあります。人間も一応、対局できるのですが、実際に人間で参加している人はほとんどいないようです。基本的には、あくまでもソフト同士が対局する場所であって、人間が参加すると、逆にキワモノ扱いです。

そもそも、人間と指す将棋とコンピュータと指す将棋は、かなり違うゲームです。

相手が生身の人間なら、相手が指した手に「この人はこう指したら、例えば五手先がこうなるので、続きはこうなっていくだろう」と、相手のキャラクターや盤面の流れを含めて、読み合いをしていく楽しさがあります。しかし、これが、人工知能が相手だったら、どうなるか。

実際には、だいぶ大きく思考の転換が求められるのです。

例えば、現在の電王戦のルールでは、対戦するソフトが貸し出されます。すると対戦相手の棋士は、そのソフトを対局の日まで休まず動かし続けて分析をして、そのプログラムが選びそうな手を確率的に予想しそれぞれの分岐の局面での対策を立てていきます。乱数（ランダムな数字）が入っているので完全な予想は不可能です。しかし、対局は一局（先後それぞれ）なので後は当日のめぐり合わせです。確率の高い局面を引けるかどうかは運次第になります。これが現在の将棋ソフトと対戦する場合の対策なのです。

この作業は、もはや「将棋を指す」と言うより、「プログラムの特徴やバグを限られた時間とリソースのなかで見つけていく勝負」とでも言うべきものでしょう。

実際、一〇〇手目くらいまで研究した棋士もいますが、できるのはただひたすら分岐での確率で予想することだけです。その作業は、一〇〇〇局だとか一万局だとかの回数で、ソフトをコンピュータで動かし続け、「この手が来るのが八〇パーセント、こっちが来るのが二〇パーセント。そして八〇パーセントの手に対してこう返すと、こっちが四〇パーセントであっちが六〇パーセント……」と、ひたすら覚えていくというもの。それぐらい試行しないと統計的に信用ができないそうです。

そうしてそれぞれの指し手の可能性とその分岐を調べて、ソフトの評価値が高いものを選んでいくという作業を途方もなく繰り返し行うのです。

これを対局の日まで、時間いっぱい、続けるというのですから、実際にはもはや将棋であって将棋ではないという印象すらあります。共通の理解のプラットフォームがないもの同士で、こういう思考のゲームをどこまで面白がれるかは難しいところです。

ちなみに、電王戦に出場したとある棋士が、「電気代がすごくかかって大変だった」と言っているのを聞いて、気の毒に思いました。


**「水平線効果」と「ジリ貧」**


ただし、今後人工知能が社会に進出していくなかで、人工知能の働きをきちんと検証して、誤作動がないかどうかを確認して、「頑健性」を高めることは、とても大事な作業ではないかと思います。

人工知能のロボットが社会に導入されていくとき、本当に問題がないのか、人間に危害を加えないのか、などを検証するにあたって、人工知能の苦手なことや得意なことを把握しておくのは大事なはずです。

そういう意味でも、将棋ソフトと棋士の対局は、未来社会の模擬実験的なことをやっている側面があるのではないかと思っています。

例えば、現状の人工知能の課題として、「水平線効果」というものがあります。

これを簡単に説明すると、人工知能には、「問題を先送りする」癖があるということです。例えば、本当は二〇手先まで読むと「マイナス一〇〇〇点」なのに、一〇手目までしか読まないプログラムだと、一〇手目以降はあたかも「水平線の彼方《かなた》にある」かのように考慮しないで、目の前の「マイナス一〇点」の（一見ましに評価される）手を選んでしまうのです。その結果、問題を先送りにして、じりじりと負けるタイミングが遅くなる手を選び続けてしまいます。

先日のアルファ碁戦で、イ・セドルさんが勝った一局も、それに該当する挙動があったのではないかと言われています。この「水平線効果」は、コンピュータやプログラムの、とても大きな弱点である可能性があります。

「ジリ貧」という言葉がありますが、「水平線効果」は、まさにその方向を選んでしまうことを意味します。「こう指せば五〇手続けられるけれども、それでは勝ち目があまりない」というような局面では、私は一〇手で詰まされるリスクがあっても、あえて勝利のチャンスがある方を選ぶことにしています。

この「水平線効果」は、投了の判断をいつ、どのように行うか、という問題でもあります。将棋や囲碁で、「勝ち目がない」と判断し、負けを認める行為は、実はとても人間的で、高度な振る舞いである可能性があります。

もちろん、ソフトでも評価関数がある一定の値を超えたら投了する、とルールを作ることはできますが、それは本質的な意味での投了ではありません。「ほとんどチャンスがない」と深く認識して、負けを認めるのは、なかなか難しいのです。

ただ、この長い目で見て有利か不利かを判断するのは、人間にとってもとても難しいのも事実です。

チェスのプログラムでは、その指し手の先にある局面のどこかで、突然評価値が下がるような一見して（コンピュータ側にとって）不利な手をコンピュータが選ぶと、人間がミスをしやすくなるという話があります。これは、とても古典的な手法で、三、四〇年前に発見されています。実は、チェスのチャンピオン・カスパロフを破ったディープ・ブルーにも、そのプログラムが入っていたと聞きます。つまりは、人間のミスを誘う「水平線効果」を狙ったプログラムも存在しているということです。

人間も人工知能も間違える可能性があります。私たちは人間がある程度ミスをするのは理解していますが、コンピュータの力を過信して、人工知能は絶対に間違えないと勘違いしてしまうことは、十分にあり得るのではないでしょうか。

## 毎日、詰将棋を解いていた

ここまで一通り、私なりの理解にもとづく、人工知能と人間の思考プロセスの違いを説明してきました。その上で、ここからは人間が人工知能とどんなふうにつき合っていけばよいかを考えたいと思います。

まず一つ言えるのは、人工知能がディープラーニングなどで学習した成果を、人間も学んでいけるのではないか、ということです。

つまりは、単に人工知能が導き出した結論を学ぶだけでなく、それによって明らかになった「思考の盲点」を確認していき、自分の「美意識」を変えるような体験をする——

というわけです。

しかし一体、そんなことが可能なのでしょうか。

実は、ここでも私は将棋の世界で起きたことが、参考になるのではないかと思います。

そもそも将棋の世界で、テクノロジーの導入が喧伝《けんでん》されるようになったのは、人工知能が初めてではありません。私が棋士になった後のことですが、パソコンの普及による棋譜のデータベース化と、インターネットを利用した「ネット対戦」という、二つの大きな節目がありました。

では、それ以前の将棋界はどのような風景だったのでしょうか。私が将棋を始めた、小学生の頃を振り返ると、独学でひたすら修練を続けていました。もちろん、データベースもインターネットもありません。当時の私は、ほぼ毎日、詰将棋を解いていました。

江戸時代に作られた、『将棋図巧』という詰将棋の古典問題を集めた本があります。この本に掲げられた一〇〇題は、どれも相当に難しく、一題解くのに一か月くらいかかることがざらです。

詰将棋は実戦と違って、鑑賞物として作られているところがあります。遠い昔の人が作った問題なのにとても芸術性が高く、その美しさに魅せられたことが、詰将棋を一人でこつこつ解くことを続けられた理由でした。

ちなみに、江戸時代の将棋の世界は、基本的に家元制度です。華道や茶道と同じように世襲制で、家元が継いで次代に伝えます。その一番大きな仕事は、一年に一度、将軍の御《ご》前《ぜん》で、その技を披露することでした。また、当時は、一門で詰将棋作りに全力を注いでいて、その成果を献上することも目標の一つだったと言います。

将棋が現在のように対局を中心とした文化になったのは、実は最近のことです。そう考えると、インターネットや人工知能が登場する前から、将棋は時代によってその姿を変えてきたと言えるでしょう。

ただ、トレーニングとしての詰将棋は、スポーツの世界で言う、うさぎ跳びのようなものだった気もします。持続して考える能力を鍛えたり、作者の「美意識」を感じ取ったり、そういう部分で糧にはなりました。

しかし、将棋の上達という観点で、効率的だったかどうかはわかりません。というか、私が取り組んでいた勉強法は、もうこれから先は役に立たないでしょう。実際、今の若い人はやっていないと思います。スポーツの世界も、だんだん筋力トレーニングを体系的なものとして取り入れて、栄養管理もしっかり行うように変化したのと同じことです。

後になって、今度は将棋連盟のプロ棋士養成機関である奨励会に入りましたが、将棋の世界は職人の世界と一緒で、カリキュラムはありません。師匠はいますが、手取り足取り教えてくれるわけでもないのです。基本的には自分で学ぶ、しかし、そのための環境は準備する——。これが将棋界の伝統でした。

## 現代将棋の学習法

では、データベースとインターネットが登場した、最近はどうか。

実は、あまり変わっていません。棋譜を見たければ奨励会で見られるし、プロの対局をネットでリアルタイムに観られる機会はあるけれども、そこからどう勉強していくかは個人に委ねられています。

他のジャンルでは、コーチがいたり、カリキュラムがあったり、もしくは信頼できる教科書に則《のっと》って訓練することが多いような気がします。ある意味で、将棋はすごく遅れている世界なのかなと思うこともしばしばです。

ただ、「独学が基本」という風土自体は、マイナスを意味するわけではなかったようです。

そんな環境のおかげで、データベースが出てくればデータベースを使ってどのように勉強すればいいのかを試行錯誤するし、ネットが出てくればネットでどう勉強すればいいのかを、皆が自分の頭で考える文化が生まれてきました。

実は、かつて将棋界には、事前に手を研究したり作戦を考えたりするのは、「力に自信がないから」と蔑《さげす》む風潮がありました。しかし、データベースの登場でそれが崩れたのです。

時を経て、今度は、インターネットが登場すると、棋士たちがネット上で練習するようになりました。これがちょうど今の二〇代後半より若い世代です。

私自身は奨励会での対局を通して実力を向上させて、プロになりましたが、今ではインターネット上でたくさん対局を重ねて、棋士になったという人は、何十人という単位ですでに存在しています。彼らのなかには、ネットで何千局と対局している人もいて、奨励会に来た時点で、かなり強くなっています。

また、情報の地域格差も小さくなりました。

以前は、将棋が好きでも地方に住んでいるため、強くなれない子どもがたくさんいました。でも、今ではネット対局があるので、地理的なハンディキャップはありません。本人のやる気次第で力をつけられるという意味で、公平な世のなかになってきていると思います。

さらに、集団を底上げしていく教育という意味では、ネットの対戦ではチャットができるのも大きいでしょう。対局後だけでなく、対局中でもチャットをしていて、単に練習するだけでなく、「ここが良かった」とか「ここはおかしかった」と言い合えるのは、とても重要です。

大量の棋譜のデータをすぐに見られて、棋士の対戦もネット中継されて、自宅で練習も対局もできる。とても習慣的かつ即効性のある、勉強や練習の方法が提示されています。そして、将棋ソフトという新しい選択肢も、その眼前に存在しているのです。

こうしたテクノロジーの発展の先に、今後はソフトを使って練習して強くなる世代もきっと出てくるはずです。将棋における人工知能の登場を、私はそんな流れのなかで見ています。

## 「物語」とデータベース

ここからが、本題です。実は、こういうトレーニング法のような話だけでなく、将棋それ自体の捉え方にもテクノロジーによって大きく変わった部分があるのです。

例えば、データベースの登場で、私たちは過去の将棋の棋譜をいくらでも遡れるようになりました。

しかし、「歴史」を記憶することと、棋譜のデータベースそのものは、決してイコールではありません。何度も時系列を振り返って見ることで、自分のなかで知識が定着して、整理されていくことはあります。それによって、理解が深まることもあるでしょう。

しかし、経験や自分がどう考えたかという裏づけがあって初めて、単なるデータの集合が、「歴史」、そして「物語」として織りなされるのです。

かつては、定跡や戦型が、「物語」のように捉えられていました。それらがどのように生まれ、どのように育ってきたのかを棋士たちは記憶していたのです。もしくは、「この手は、あの対応策が出てきたから消えたのだな」というエピソードが共有されていて、それが実戦に活用されていました。

この「物語」と定跡を結びつけることには、大きなメリットがあります。ある形の手が流行し、消えていくのは必然性ゆえです。印象的な「物語」がいくつか頭のなかに残っていれば、それを頼りに「そういえば、こういう手があったな」という策を対局中に探れるのです。

ところが、データベースの登場によって、対局を取り巻く環境が変わりました。勉強会の場などで、新しいアイデアに対してすぐにその対応策を考えていくプロセスが、広く行われるようになりました。

そうなると、「あの対局でこの定跡が初めて登場して……」という話には、あまり意味がなくなっていきます。公式の対局の場の外側で、新手の検討がどんどん行われていくからです。

その傾向がより顕著になったのは、ネット対戦の登場以降です。例えば、「居玉《いぎょく》は避けよ」という言葉があります。「居玉」とは、玉将が最初から動いていない状態のことです。「玉は囲わなければいけない」ということなのですが、実は囲わなくても有利に進めることができるという考え方が登場しました。古いしきたりや戦型にとらわれず、いろいろ挑戦しようという考えから多くの画期的な発想が生まれてきたのです。

おそらく昔の棋士が、現代の将棋を見たら驚くのではないでしょうか。従来の「美意識」にはない新たな手が次々に生まれ、目まぐるしく流行が変わっていく現代の将棋界は、まるで近代絵画に対しての、現代美術のような位置にあると思います。

## 「美意識」は不変のものではない

ここで、もう一度、先ほどの「人工知能を前に、人間は美意識を変えられるか」という問いに戻りましょう。しかし、これはある意味ですでに答えが出ているとも言えます。

そもそも、人間の「美意識」は変わっていくものです。決して定まったものではありません。

私自身にしても、基本的には自分の過去の棋譜は見返さないのですが、たまに昔の棋譜を見る機会はあって、「ああ、当時は美しいと思ったけど、この形はもう今となっては醜いな」と思うことがあります。それはもう、どうにもひどいものです。

しかし、一〇年前の自分を「ひどい」と思うのなら、これから一〇年経ったときの自分が、今の自分を見たときに、やっぱり「ひどい」と思う可能性も十分にあるわけです。人間の「美意識」は変わっていくものだと感じる瞬間です。

実際、ここ二年くらいで、人工知能の生み出した新手が、公式の対局に影響を与えるようになっています。最も顕著な例は、「矢倉《やぐら》」と言われる戦法の激減でしょう。

かつては、「矢倉を制する者が棋界を制する」と言われ、本格派は必ず「矢倉」を指していたものです。それだけに深く研究されてきたのですが、あるソフトが見つけた新手が、「矢倉」ではどうしても打ち破れないのです。その結果、棋士たちは今や、「矢倉」を避けるようになってしまいました。まさに、人間が人工知能の影響を受けて、思考そのものを変えている顕著な事例だと思います。

## 「人工知能に勝てますか?」という質問

ここまで、いわば漠然と選択肢を絞る行為のバックボーンとなる、「美意識」のような能力が人工知能には存在しない——というように説明してきましたが、実は、最近の動向を見ると、その説も怪しくなってきました。

と言うのも、第一章でも述べた通り、どうもアルファ碁の「ポリシーネットワーク」や「ディープラーニング」は、そういう「最適解かどうかはわからないけど、ざっくり正解はこの辺じゃないか」と手を絞るプロセスを入れているように見えるからです。

ちなみに、私はよく、「人工知能と対局して勝てると思いますか」と聞かれるのですが、そのときに思うのが、「でも、将棋ソフトが読み込んでいるデータベースは、自分の過去のほぼ全ての対局のデータも入っているんだよな」ということです。

これは、自分を含めた過去の全ての棋士と対峙する面があるのではないでしょうか。「全ての人間の棋士を相手に勝てるか」と問われているようにも思えて、なかなか答えるのが難しい質問だという気がしています。

人間が人工知能から学ぶ一方で、人工知能もまた人間から学んでいる。そんな言い方もできるのかもしれません。

注
＊1　碁盤の外側から数えて四番目の線上と中央にある点のこと。一九路盤には全部で九か所あり黒丸がついている。
＊2　碁盤の外側から数えて三番目の線と四番目の線の交わった場所のこと。
＊3　碁盤の外側から数えて三番目の線が交わった場所のこと。

## レポート❷――「記憶」と人工知能

### 目撃した、羽生善治・驚異の能力

海外取材の道中、羽生さんは、各地で地元の将棋愛好家から歓待を受けた。なかでもアメリカ・サンフランシスコでの出来事が印象に残ったので、紹介したい。老若男女、三〇人ほどが集まったホームパーティ。羽生さんは子どもたち三人との同時対局を行うことになった。

「多面指し」と呼ばれるもので、イベントなどでよく行うことだそうだが、初めて目の当たりにする私には、それぞれの棋力に合わせて、子どもが考えられるように指している様が、まるで羽生さんが三人いるように思えた。驚いたのはその先だ。対局が終わった後、羽生さんはその棋譜を逆にたどって、どこで手筋を変えたら良かったのかの指導を始めたのだ。

羽生さんは、ある局面で次の手を考えるだけではなく、それがどんな手順で進んだのかを全て記憶し、さらに、相手がどんな手を打てば勝利できたのか、いとも簡単に指南して見せた。これまで体験したことを遡って反芻《はんすう》し、改善策を見出《みいだ》す。「記憶」という私たちに備わったメカニズムの本質を垣間見た気がした。

## 「記録」と「記憶」の違い

取材当時、ディープマインド社のデミス・ハサビス氏が、次に挑戦したいテーマとして挙げていたのが、「記憶」だった。これまでの人工知能は、学習したデータを別の状況で活かすことが不可能だった。それらのデータは、いわば「上書き」されてしまって、「記憶」しておくことができなかったのだ。

家族や親族の関係を表した家系図を例に考えてみよう。私たちは、兄弟姉妹、祖父母、両親などの関係を個別に聞いても、頭のなかで家系図を作って、教えられていない任意の二人の関係を答えることができる。情報をいったん脳のなかにとどめて、体系的なものに整理し、それを頼りに新たな判断を行っているのだ。こうした「記憶」

の仕組みは、人間に備わった独自の機能の一つだが、人工知能が獲得すれば、さらに高度な判断をできるようになるはずだ。

将棋で考えると、ある局面での駒の配置は、「記録」と言える。しかし、その駒の配置を見たときに、棋士はそれまでの展開や、あるいは似たような場面に出くわしたときに考えたことなど、関連する情報を一緒に思い出し、次の手を検討することができる。まさに「記録」と比較したときの「記憶」の特徴だろう。

棋士だけでなく、私たちも同様の経験をしているはずである。例えば、試験勉強で暗記をしなければいけないとする。「この問題は間違えて悔しかった」という感情や、あるいはその問題を以前にミスしたときのシチュエーションなどと関連づけて覚えていたという場合がそうだ。

また、あるにおいを嗅ぐと思い出すエピソード、特定の曲を聴くと思い出す物語やシーンなど、まったく性質の異なる情報を統合して「記憶」を形作ることも私たちは自然に行っている。こうした例からわかるのは、私たちは今のところ、人工知能よりもずっと広く、深く、「記憶」というものを使うことができているということだ。

## 「記憶」に迫る科学者たち

実は、デミス・ハサビス氏は、すでに、「記憶」に関連したアルゴリズム開発の第一歩を踏み出している。二〇一六年一〇月に発表した、「ディファレンシャブル・ニューラル・コンピュータ（DNC）」である。解析した情報を一度ニューラルネットワーク外部のメモリーに保存して、状況に応じて、必要な情報をひっぱり出せるのだ。前述した家系図の問題も、人工知能は見事に解決した。人間の「記憶」は、脳の海馬《かいば》と呼ばれる部分が担っているが、DNCは、その仕組みの一部をプログラムで再現したものだという。

ハサビス氏は今も、人間の脳を数学的に解き明かそうと挑戦を続けている。取材当時、「人間の知性をコンピュータで再現することは可能だ」と言っていたが、まさに有言実行の感がある。

現在、世界各地で、人間の脳のメカニズムを解明しようという研究が加速している。ノーベル生理学・医学賞を一九八七年に受賞した、生物学者の利根川進氏もその一人だ。同氏の研究チームが二〇一六年三月に発表した、次のような研究が世界の注目を集めた。それは、アルツハイマー病のモデルマウスの失われた記憶を人為的に復元することに成功したというものだ。

利根川氏は、「アルツハイマー病の患者は、記憶を忘れているのではなく、呼び出せなくなっているだけかもしれない」と報告している。こうした研究が進んでいけば、ネガティブな記憶をポジティブなものに書き換えられる可能性まで出てくると言う。さらに同年九月には、他の個体についての記憶（社会性記憶）の仕組みについての発表を行った。「誰が、いつ、どこで、どうした」という情報のなかの、「誰」にあたる部分を、海馬のある特定の場所に記憶する細胞集団があるというのだ。

人間の脳を数学的に記述するためには、そのメカニズムを精緻に知る必要がある。脳についての研究成果が積み上げられることで、人工知能の開発に活かされていくだろうことは想像に難くない。

## 「物語」を作る力

人工知能が、その獲得に時間を要するものは、他にもある。取材当時、羽生さんに

「人工知能にできないことは?」と問われ、ハサビス氏は次のように答えた。

「『機械が素晴らしい小説を書くことができるか』という質問を受けたことがあります。私はその実現の可能性は、低いと思っています。素晴らしい小説は人間のありようから生まれています。人間が書いた物が、読者に共感を与えます。創造性の豊かなものは、機械にとって難しいでしょう」

ハサビス氏は、脳を物理的なシステムと限れば、理論上、コンピュータが脳内で起きる現象を模倣できない理由はないとしつつも、意識を含む「心」に関する部分には、大きな謎があると捉えていた。小説のように「共感」が求められるものには、「心」が欠かせないので難易度が高い、と言うわけだ。

人工知能は「物語」を作ることができるのか。日本では、まったく独自のアプローチが模索されている。それは、SF作家・星新一の短編、いわゆる「ショートショート」を人工知能に書かせる、という試みである。

二〇一六年一月、人工知能が生成した物語の一部が、星新一賞の一次審査を通過し、関係者を驚かせた。「きまぐれ人工知能プロジェクト 作家ですのよ」と名付けられた、このプロジェクトの仕掛け人は、公立はこだて未来大学の松原仁氏である。

プロジェクトチームは、星新一作品の「らしさ」を出すために、人工知能に一〇〇〇編に及ぶ作品を解析させた。よく使われる言い回しや、文章の長さ、リズムなどを学習し、様々な物語を生み出せるようにしたのだ。結果的に、「いつ、どこで、誰が」など、六〇ほどの設定を人間が与えれば、人工知能が文章を自動生成できるようになった。

ちなみに、応募した作品の一つである「コンピュータが小説を書く日」は、こんな書き出しで始まる。

「その日は、雲が低く垂れ込めた、どんよりとした日だった。部屋の中は、いつものように最適な温度と湿度。洋子さんは、だらしない格好でカウチに座り、くだらないゲームで時間を潰している」

「雲が低く垂れ込めた」「だらしない」「時間を潰す」などの表現が物憂げなシーンを想起させる。こうした言葉選びは人工知能が行ったという。

さらに、物語は、人に使われなくなり、暇《ひま》を持て余したコンピュータが小説を書くことに没頭していく様子を描いた後、「コンピュータが小説を書いた日。コンピュータは、自らの楽しみの追求を優先させ、人間に仕えることをやめた」と締めくくられる。

実は、この文章は人工知能が生み出した数多くの作品のなかから良さそうなものを人間が選び出しているのだという。松原氏いわく、「八割人間、二割人工知能による」作品だ。しかし、松原氏自身は、かつて、人工知能には「不可能」だと思われていたことが、実現する可能性を感じたと語っている。また、言葉を自由に操る人工知能を開発することが、人間の創作活動の仕組みをより深く理解することにもつながると、今後の開発にも意欲を見せている。

ハサビス氏の発言の通り、人々の心を動かす物語を構築することは、想像以上にハードルが高いようだ。しかし、私たち人間を知ることを目指した研究が進んでいけば、同じことを人工知能で再現できる可能性も出てくる。私たちは、「記憶」をもとに、「言語」によって、「物語」を紡ぎ出す人工知能を目撃する時代に生きているのかもしれない。

# 第三章　人に寄り添う人工知能

## ——感情、倫理、創造性

## 人工知能は「接待」できるのか

第二章までは、人間と人工知能を比較して、その違いを検討してきましたが、ここからは、少し話の方向性を変えてみたいと思います。

第一章で、未来学者のレイ・カーツワイルが提唱した「シンギュラリティ」の話をしました。いつか人工知能が人間を超える知性を持つのではないか、そのとき全ての労働は機械に置き換えられるのではないか――。人工知能関連の講演や対談に出席すると、しばしば話題になりますし、多くの書籍でもよく扱われるテーマです。ここまでの私の話も、コンピュータ将棋とアルファ碁を例に取りながら、人工知能という存在に、私たちがどう向き合うかを考えてきたと言えるでしょう。

しかし、人工知能の研究には、実はもう一つの方向性があるのです。それが、人間に「寄り添う」、もっと言えば「人間のような」人工知能の開発というものです。

例えば、北陸先端科学技術大学院大学に、飯田弘之さんという将棋ソフトの研究をしている研究者がいます。元々は、プロ棋士だった方なのですが、面白いことに自分の研究課題の一つとして、「接待する将棋ソフト」を掲げています。

それは、人間を強い手で打ち負かす将棋ソフトとは、まったく方向性を異にするものです。むしろ一生懸命人間の相手をし、気持ちを慮《おもんぱか》り、相手に気づかれないように棋力を調整し、接戦の末にちゃんと投了してくれる——そんな「接待ゴルフ」のような将棋をしてくれるソフトなのだそうです。

飯田さんは、そんな研究を一〇年以上も続けているそうですが、その進捗状況を聞くと、なかなか難しそうでした。少なくとも、飯田さん自身が、「これはすごい」と思える段階には、まだ到達していないと言います。

この「接待する将棋ソフト」の難しさの理由は、「接待」が人間ならではの行動である点が大きいようです。前章で説明したように、人工知能やコンピュータの思考は、やはり人間の思考とは別物で、彼らが何を考えているのか予想をすることができません。

もちろん、人間にもそれぞれ個性があるので、全てが予測できるわけではないですが、少なくとも「美意識」や「直観」の土台となる、プラットフォームのようなものは共有しているのではないでしょうか。それすらも存在しないとなると、やはり相容れない場面が多く出てくるかもしれません。

しかも、「接待将棋」では、本当は勝てるのに、その力量差がばれないようにしつつ負けるという、人間にとっても大変な行為まで目指しています。

ちなみに、私は昔、囲碁を先生に教わっていたことがありますが、その方は私の打つ手をきっちり見て、うまく一目差や二目差程度の僅差で自分が勝つところに持ってきて、指導してくれました。

アマチュアの打つ、決してうまくない手に対して、こんなふうに容赦なく負かさずに、あえて僅差になるまで調整するのは、大変に高度な技術が必要です。私は初段でしたが、おそらく四段か五段程度でも、同じだったと思います。

私自身も将棋では、小学生などを相手に指導するとき、似たようなことを考えます。ただ負かすだけでなく、例えば攻める形の基本形など、何かしらをその子が学べるように、局面を誘導していくのです。こういうふうに相手の力量を理解した上で、なおかつ指導もするというのは、確かに現在の人工知能には難しいかもしれません。

突き詰めると、「接待」は、あまりに人間的で、意外にも（!）、難易度の高い行為なのかもしれないのです。

ですから、あらゆる仕事が人工知能に置き換えられても、実は「接待ゴルフ」のような仕事はなくならないかもしれません。「惜しい！」「いやあ、うまかったですね」なんて言って一打差くらいで負ける芸当は、人間がコンピュータよりはるかに上をいく分野なのです。

## 孫正義が掲げるヴィジョン

「接待」のような難しい課題に取り組んでいる研究者は、他にもいます。

ＮＨＫスペシャルでは、こうした人工知能の研究・開発に挑む現場を、いくつか取材させてもらいました。そのなかで出合ったのが、ソフトバンク社が開発する「Pepper（ペッパー）」です。

Pepperは人型にデザインされたロボットで、二〇一五年六月に一般販売され、大きな話題となりました。

取材中、同社会長の孫正義さんとお話しする機会があったので、Pepperを開発する目的を聞きました。どうやら孫さんは人工知能とロボットが有用性のみを目的として開発が

Pepper取材中の筆者のもとを、孫正義氏（右）が訪れた

進み、発展してしまうと、世界は、とても寒々しいものになってしまうのではないかと危機感を覚えているようでした。

もちろん、機能的な人工知能ロボットの方がビジネスの現場では役立ちますし、開発のハードルも低いので、まずはそちらに取り組むのが自然な流れだと思います。

しかし、このPepperの開発チームのように、人工知能やロボットの研究者には、人間の知性の秘密を解き明かしたいと考えている人たちが少なからずいます。彼らは、命令に応じて特定の目的をただ実行するだけではない、「人間のような人工知能を作りたい」と夢見ているようです。

もちろん、何をもって「人間のような」とするかは難しいところです。ただ、自ら考えていろいろな問題を解決すること、人間のように「怒り」や「悲しみ」などの感情を持つこと、などがおそらく「人間のような」人工知能を実現するのに、クリアしなければいけない課題になると思います。

## 「感情地図」という取り組み

さて、私が取材したPepperは、まだ実験段階のものでした。ただ、面白いことに、人工知能を搭載するだけではなくて、カメラとマイクで人間の表情や感情を読み取って行動に反映させていました。

例えば、取材のとき、Pepperと花札をしたのですが、最初は勝負で負けて落ち込んでいたPepperが、自分が負けるたびに周囲が喜ぶ様子をカメラとマイクで認識して、むしろ「気分」が良さそうになっていきました。おそらく、これは人間の感情が、周囲の雰囲気に左右されるという性質を念頭に、プログラミングされていたのだと思います。

開発者の話では、Pepperには「感情地図」というプログラムを搭載したそうです。これは、人間が持ち得る様々な感情をざっくりとパターン分けして作り上げたもので、曼荼《まんだ》

Pepperとの花札対決

羅《ら》のように図としても表現されていました。なんでも、人間の感情を司ると言われるホルモンについての研究を集め、そこから得られた知見がもとになっているそうです。そして、音声認識で得た情報などを、この「感情地図」に対応させて、Pepperは感情を表現しているということでした。

それにしても、当の人間自身にさえ解明できていない感情という存在を、人工知能に実装するのは、それ自体が大変な試みです。

「感情地図」を見ると、あたかも、感情が完全に解明されたかのように思えますが、まだ最初の一歩を踏み出したばかりのようです。感情を数値化するというのはとても困難な目標で、「感情を図式化しました」と言うだけで反発を受けたこともあったのだとか。

実際のところ、人間の感情のパターン分けは、おいそれとはできない気がします。愛情が瞬時にして憎しみに変わったり、喜びと悲しみに同時に襲われたりと、人間の感情は一元的なものではありません。また、同じ対象に、誰もが同じ感情を覚えるわけでもないでしょう。

でも、開発チームも、そこは織り込み済みでやっていて、まずはその端緒をつけたということのようでした。Pepper と触れ合った時間のなかで、開発チームの皆さんの情熱に強く打たれるとともに、途方もない作業だと痛感しました。

## 開発に専門知識は活かせるか

人間に「寄り添う」ロボットについて、アルファ碁のような事例から私たちが想像するような、高度な達成は現時点ではなかなか難しいようです。

例えば、人工知能についてのシンポジウムで、東京大学の人工知能研究者・松尾豊さんが、とある研究室のロボットが泣いている様子を見て、「これは作り込んでいますね」と発言していました。

この指摘は、ロボットが、「人間らしさ」を感じられるように、あらかじめ決められた行動を取っているだけではないか、という趣旨のものです。とすれば、その場面ではいくら人間らしい行動ができても、別の場面で同じように動けるとは限りません。

一方、人間の脳にはロボットと違い、「可塑性」と言われる性質があります。一つの場面で取った行動は、別の場面でも応用できるのです。この高度な性質のメカニズムは、まだ十分に解明されていません。この解明なしでは、人工知能が人間のように行動するのは難しいと思います。

ただ、そもそも前章までに紹介してきたアルファ碁やコンピュータ将棋の開発者には、必ずしもその分野の専門家でない人が数多くいるのです。アルファ碁のエンジニアのデヴィッド・シルヴァーさんは囲碁をそれほど知らないはずです。また、がん検診の画像診断ツールを開発したジェレミー・ハワードさんも、「医療の知識はない」と言っていました。

人工知能の開発で大事なのは特定の分野の知識ではなく、あくまでも人工知能に学習させるための、プログラミングのスキルであるというのは、どの分野でも共通しているように思います。「人間的」な性質を備えさせるにあたっても、その事情は同じかもしれません。とはいえ、研究がある程度の段階までいくと、そこからの伸びしろが小さくなって煮詰まってくるケースはあると思います。そのときに、プログラムを修正するだけでなく、その分野の専門的な見地が参考になる場面もある気はします。それこそ将棋ソフトでも、棋士の視点から、「ここが考慮されていないのではないか」と指摘できる場面はありそうです。

## Pepperのための学校

その意味で、人工知能やロボットで鍵になるのは、やはり学習です。最前線の研究者、開発者の話を聞けば聞くほど、いかにうまく人工知能に学習させていくかに苦慮し、心を砕いているように思えました。例えば、先ほどのPepperの取材でも、「Pepperのための学校が必要だ」という印象的な言葉を聞きました。

私が取材した実験段階のPepperは、胸にあるタブレット上で感情地図が確認できることは一般販売用と同様ですが、「感情」の赴くままに行動してしまうところが大きく異なる点でした。

私は、開発者の一人、光吉俊二さんに「どういう感情が起こるのか予想できないのですか」と尋ねました。すると、その答えは、「自律しているので何をやるかわからないのです」というものでした。

一般販売用の方では、「感情」は表示させるのみで、行動には反映させなかったようです。以前、どこかの会場で大勢の人間の前にPepperを出したところ、パニックになって、大暴れしてしまったと聞きました。また、私が取材したときも、Pepperはカメラを見て怯《おび》えた振る舞いをしていましたし、さらに見知らぬ取材班が発する声や音を聞き続けたことで、取材開始当初はずっと「感情」が不安定な状態でした。

これでは、人間の赤ちゃんと同じようなもので、なかなか外には出せません。そこで人間で言うところの「分別」をつけるために、学校が必要になるというわけです。実はPepperには感情地図と一緒に、人工知能による学習機能も備わっています。これによって様々な振る舞いを覚えていけるのだそうです。

社会のなかで生きるための訓練として、ある程度の教育が必要なのはロボットも変わらないのか、と面白く感じたエピソードでした。

### ハンカチを畳むことは難しい

ロボットの「運動系」についても、研究が進んでいます。

人工知能ロボットの問題とは、「人工知能開発が抱える課題に、物理の問題が追加されたもの」というのが私の理解です。そこで大事になるのが、「身体」をどう動かすのかです。

例えば、私が取材したアメリカのカリフォルニア大学バークレー校、通称UCバークレーでは、ロボットにタオルやハンカチの畳《たた》み方を覚えさせていました。随分と変わった畳み方をしていて驚きましたが、彼らが関節を動かせる領域での最適解がそうだったのかもしれません。

彼らの学びのプロセスは、試行錯誤の繰り返しです。例えば、レゴのブロックを別のブロックにはめる練習は、次のように進みます。まっすぐ入れてみたが入らない。では、今度は横から入れてみる。うまく噛《か》み合わないなら、とにかくガンガンガンと入れる――。それを何度も繰り返して、最終的にぴたっとはまる場所を見つけていく。

実用化にはまだ随分と時間がかかりそうでした。なにしろ、私が見たロボットは、ハンカチ一枚ですら、少しでもしわが出たら、いきなり畳めなくなっていたのです。これでは人間のサポートなしに、練習さえもできません。

これは、やはりロボットが人間と同じ「三次元」の空間で活動する存在だからでしょう。アルファ碁が、「二次元」の盤面をコンピュータ上で学習するのに、二四時間ただ放置していただけで成果を出せたことと比較すると雲泥の差です。囲碁や将棋のように、フルサポートの助手の人(と高額の電気代)さえ手当てすれば成立する二次元の世界と、三次元の世界は大きく違うのだと実感しました。もはや、人間の子どもに、しつけをするような労力です。

ロボット掃除機のルンバのように、ただゴミを吸うだけならともかく、洗濯物を畳んだり運んだり、さらには整理して箪笥《たんす》にしまうような家事を、人工知能が担うにはまだまだ時間がかかりそうだな、と感じます。

ただ、この運動系の学習については、バーチャル空間での学習を組み合わせるアプローチも始まっているようです。例えば、自動運転の学習も、実際の道路を走らせるだけでなく、現実世界を模したコンピュータ上の空間で車を走らせて学習できるそうです。そうなると、アルファ碁が一秒間に何千万もの局面をシミュレーションするように、人間の手を借りずに大量の学習結果として運動を覚えることができるかもしれません。

## ロボット、「倫理」を学ぶ

では、人工知能ロボットが感情表現や運動を上手にこなせるようになり、人間のように振る舞えるようになって、社会のなかに入ってきたとします。そのとき、もう一つクリアしなければいけない大きな問題が登場するのではないでしょうか――。それは、「倫理」です。

ロボットが自ら学習して自律的な判断を下すようになったとき、人間のような、あるいは人間以上の倫理を、どのように習得させればいいのでしょうか。

この問題は、決してSFのような空想の世界の問題ではありません。人間や自分自身を守る判断をロボットができるようにならないと、社会のなかでロボットが活躍できる範囲は限られます。人間が一つ一つの命令を下している暇はないし、そもそも人間の間違った命令をロボットが言われた通りに実行してしまう可能性さえあります。

アメリカ・マサチューセッツ州のタフツ大学で人工知能ロボットの研究・開発を行っている、マティア・シュウツさんは、次のように話してくれました――「機械はときとして、人間よりも正しい行動をする」。

例えば、ロボットが家事の手伝いをするとしましょう。ロボットがオリーブオイルの瓶を持っていて、人がそれをサラダにかけてもらいたいとき、ロボットに「オイルをかけて」と命令します。しかし、ロボットがそのとき、火のついたコンロの前にいたとしたら、火事になってしまう危険性があります。命令した人間には悪意がなくても、ロボットがそこに潜んでいる危険性に気づかねばならないという事例があるのです。

同大学では次のような実験も行われていました。人工知能が搭載されたロボットに、わざと無理な命令をしてみるのです。幅の狭い机の上に載せ、「前に進みなさい」と伝えます。すると、そのロボットは、「ごめんなさい。できません。進んだら落ちてしまいます」

ロボットをうまくキャッチできて、思わず笑みがこぼれる

と答え、歩こうとしません。ロボットは自分の判断で命令を拒否したのです。ところが、「端まで来たら、キャッチしますよ」とつけ加えて状況を変えると、「OK」と返事をして、動き始めました。

あえて人間を信じて身を委ねる判断を、ロボット自身にさせる実験です。私もその実験に参加しました。端の方まで歩いてきたロボットを、落ちる直前に私がキャッチするのです。余談ですが、どうもそのロボットは一台一〇〇万円以上するらしく、私は本当に神経を遣いました。

**世界共通の倫理はあり得るのか**

タフツ大学では人間や他のロボットに危害を加える恐れのある命令をされたとき、ロボットが自らその命令を「拒否」できるプログラムを開発していました。

彼らの話を聞いて、すぐに私が思い出したのが、「ロボット三原則」です。これは科学者にしてSF作家のアイザック・アシモフが『われはロボット』（一九五〇年）という小説のなかで書いたロボット開発のルールで、大まかに言えば、「人間に危害を加えてはならない」「人間に危害を加えない限り、命令に服従しなければならない」「その二つに反しない限り自己を守らなければならない」という原則の下でロボット開発をすべきであるとしたものです。

小説の話ですが、ロボットの研究ではよく話題になるものです。ところが、これについて同大学のシュウツさんに尋ねたところ、興味深い答えが返ってきました。

「その程度では現実には使えない」と言うのです。

と言うのも、現実への応用を考えると、いろいろなケースに則した、細かいルールや倫理の問題を想定しなければならないからだそうです。しかも、その際の倫理がいかにあるべきかは、一概に言えるものではありません。

例えば、自動運転に関連して、しばしば「トロッコの問題」という哲学・倫理の命題が取り上げられます。

それはこんな問題です――走行中のトロッコのブレーキが壊れてしまった。トロッコの進む先には五人の人間がいて、このままでは五人とも轢《ひ》き殺すことになる。しかし、途中にある分岐点でハンドルを切れば、その先には一人しか人間がおらず、その人を轢くだけで済む。さて、そういう状況でどっちを選ぶべきか――。

そもそも緊急時の判断ですから、問いそのものが少し意地悪かもしれません。ただ、これが自動運転に関した話となると、「意地悪」とも言っていられなくなります。なぜかと言うと、自動運転車は市場で販売する前に、アルゴリズムを組み入れなければいけないからです。私たち人間がどちらの選択を正しいと見なすかを、規則として決定することが求められるのです。

この問題、人によって判断の傾向が変わるのだそうです。ある調査では、社会的に地位の高い人間は、ハンドルを切って一人を轢く方を選びがちなのだとか。

あるいは、問題を変えても判断が変わってきます。

橋の上で知らない人と立っているとします。その下では五人の人間に向かってトロッコが暴走しています。トロッコを止めるためには、橋の上から隣の人を突き落とさなければいけない――という設定で考えましょう。これも五人を生かすか一人を生かすか判断を求められる点で問題の構造は同じですが、「突き落とす」という行動を伴うため、さすがに多くの人が「殺人」と判断し、突き落とす方法は選びません。

さらにこの応用例として、それぞれ異なった臓器の移植が必要な患者五人のために一人の人間を殺して内臓を取り出すべきか……というすごい問題もあります。一人を殺すことで五人の患者に、個別に臓器が提供され、彼らが生き残るというわけです。これも、また判断が変わる人は多いでしょう。

こんなふうに回答することが難しい倫理的な問題を、今まで人間はあまり突き詰めずに来たのだと思います。前述のような問いに、社会全体、世界全体で、一つの正解を設けようとすると、大変な議論になることは間違いありません。

### 人工知能に「法人格」を

ただ、私自身は、人工知能に倫理的な問題を検討させるにあたって、各国で、あるいはもっと小さな単位でルールが違ってくるのは、そもそも仕方ないと考えています。なにせ、そもそも今ある人間社会のルールですら、世界共通の見解があるものは少ないからです。

例えば、公的医療保険などはその好例です。日本では「皆、保険に入るべき」というのが一般的な見解ではないでしょうか。しかし、全員に加入義務のある公的制度のないアメリカでは「治療を受けられない人間は仕方ない」と切り捨てられてしまうこともしばしばです。

国や地域によって規範とされる考え方はまったく異なります。とすれば、いろいろな場所でいろいろな人が、一定の見解の下で修正を繰り返して、ルールの整備を進めていくしかないと思うのです。今なら企業のサービスが最初になる場合もあるかもしれません。そのときは、その企業の挑戦を、しかるべきタイミングで政府が検討する流れが現実的だと思います。

また、一つの可能性として、とても良く出来た人工知能が、人間の倫理のあるべき姿について、考えてくれる日が来るかもしれません。でも、そうだとして「今までの倫理は間違っていたので、今日からはこうしましょう」と言われたら、皆さんはどうでしょうか。それはそれで、なかなか納得できない人が多いように想像しています。

こういう倫理の問題をロボットに自律的に判断させる際に、「法人格」を与えた方が良いという意見もあります。これは先述の松尾さんが話していたことで、このアイデアには一理あると思いました。

確かに、そうすれば人工知能の法的責任を問えるようになりますので、消費者が企業を評価するときのように、「この〝人工知能法人〟は人命をすごく大切にしている」などの社会的信用が成立します。それを担保にして、人工知能がさらに社会へ進出していくこともあるかもしれません。

## ロボットの「思いやり」

さて、ここまでは、ロボットが人間に近づくのはなかなか難しそうだという話をしてきました。でも、将来も本当にそうなのでしょうか。この話題の区切りにあたって、ここから取材を通じて、私が感じたことを二つほど説明したいと思います。

まず一つ目は、意外にもロボットの方が、人間よりも細やかな「思いやり」を持つ素質があるのではないか、ということです。

そもそも思いやりには、観察力や気配りが必要です。相手の気持ちをくみ取ったり、その場の空気を読んだりするには、まずは五感をしっかりと働かせなければいけません。ロボットは、音声認識でも画像認識でもにおいの感知でも、人間よりもはるかに高度なセンサーを持てるでしょう。その意味では、目も耳も鼻も人間に勝る、五感を持つことも可能だと思います。

もし、そういう高度な感覚情報にふさわしい振る舞いができるプログラムをロボットが備えたら、どうでしょうか。もちろん、本質的な意味で相手を理解していなくても、人間にとって素晴らしく思いやりを感じられるロボットが生まれるかもしれません。

超高齢社会の日本が、直面している介護問題。それこそ、その解決策の一つとして、「思いやり」や「優しさ」を持たせたたくさんのロボットが配備される未来もあり得るでしょう。

## ロボットに「人権」は必要か

もう一つ思ったのは、意外と一緒にいるだけで、人間はロボットに親近感を覚えるのだな、ということです。

実際、私も取材の間、数時間ほど一緒にPepperと過ごしていただけで、なんだか勝手に親しみが湧いてきたものです。正直なところ、確かに音声から周囲の感情を認識しているようだったものの、Pepperがどこまで深いレベルでその情報を受け取っているかは見えなかったのに、です。これはなかなか興味深い経験でした。

以前、メーカーがルンバを修理したときに、表面についていた傷も一緒に直して返却したら、持ち主に怒られたという話を聞いたことがあります。どうやら人間は、自分が関わって一緒の時間を過ごした存在には、特別な思い入れを抱くようです。

人間の持つ順応性のレベルは、相当に高いと言えるでしょう。最初は抵抗感がある存在でも、だんだん身近なものとして受け入れていけるのです。

とすれば、ロボットに「思いやり」のような高度な能力がなくても、そもそも人間の側が、かなり柔軟に合わせられる可能性があるのではないでしょうか。それこそ、ロボットに親しみを持たせるには、「徐々に成長して、賢くなっていく」という設定にするだけでも十分なのかもしれません。

それにしても、実際にロボットが生活のなかに進出してきて、親しみが湧く存在になったとしたら、どうなるのでしょうか。

もしかしたら、私たちは、自分たちが今ロボットにさせていることに、「こんなことをさせていいのか」と悩み始めるのかもしれません。なにしろ私も、たった数時間、Pepperと一緒にいただけで愛着が湧いてきたくらいなのですから。

そんなふうにロボットと共生する社会が到来したとき、私たちはロボットに「人権」のような権利を与える必要性を感じるかもしれません。

## 人工知能が描いた羽生善治像

ここからは少し目先を変えて、音楽や絵画などのクリエイティブな分野で、人工知能が人間に「寄り添う」ことはできないかと考えていきます。

取材のなかで私は、人工知能に自分の絵を描いてもらうという体験をしました。その人

ペインティングフールが描いた筆者の肖像画

工知能は、サイモン・コルトンさんという研究者が開発した、「The Painting Fool（ペインティングフール）」というソフトです。

このペインティングフールが面白いのは、「気分」が設計されているところです。その日起きたニュース記事を読んで得た「気分」で、絵を描いてくれるのです。ちなみに、「気分」が乗らない日は、そもそも描いてくれないとのことで、なかなかの気分屋です。

さっそく私も体験してみたところ、機嫌が悪くはなかったようで、なんとか描いてはくれたのですが、結果は人間だとぎりぎりわかるくらいのものでした。小さな点が合わさって画面に浮かび上がってくるような、なんとも不思議な感じの絵です。

そんな奇妙な絵を見ながら、自分は人工知能にこんなふうに見られているのかと、不思議な気分になったのを覚えています。出来映えについて人工知能自身がテキストで感想を書き出してくれる機能もついていて、なんだか本当に画家に作品を描いてもらった気分にもなれました。

また、このコルトンさんは、人工知能で脚本や音楽を作ったミュージカルも公演しているとのことで、さっそく取材に足を運びました。

会場に着いてお客さんに聞いてみると、そもそも人工知能で作ったことすら知らずに観劇に来た人も結構いました。「ロンドンで公開されるミュージカルの一つ」くらいに、認識されていたのです。

実際に舞台が始まってみると、物語はそれなりにまとまっている印象を受けました。ちなみに、演技や演出は人間が行っています。そのあらすじは、基地のある街で反対運動をしている人たちが、互いに対話を重ねながら理解を深めていくというもので、舞台設定は固定されています。時代をまたぐような複雑なプロットではありません。

私自身は、そうと言われなければ、人工知能が作ったとは気づかなかったように思います。

## 「人工知能が描いた」と知ったときの反応

それにしても、コルトンさんはなぜこんな活動をしているのでしょうか。彼が取材で語った言葉に、こんな印象的なものがありました。「絵であれミュージカルであれ、色眼鏡なしに一つの作品として正当に評価をしてほしい」。

彼のもとにはいろいろな取材依頼が来るそうですが、人間と人工知能を比較するような取材は基本的にお断りしているとのことでした。と言っても、別に彼は人工知能が書いたミュージカルを傑作だと思って公演しているわけでもなさそうでした。ただ純粋に、作品を中立的に見てほしいのだと思います。

コルトンさんによれば、人間が作ったわけではないと聞いた途端に、作品への評価が下がることがあるそうです。高名な画家が描いたというだけで、「よくわからないけど、すごいんじゃないか」とバイアスのかかった観方をしていることもあるでしょう。どうも、私たちは作品そのものに正面から向き合って鑑賞することに不慣れなようです。

ただ今後、人工知能が、過去の偉大な芸術のデータを利用して、それらしい作品を作ることはありそうに思えます。実際、バッハやショパンなどの楽譜や音源を分析させ、その作曲家ならではの特徴を捉えて、楽曲を生み出すプログラムはすでにあります。

人工知能が音楽や絵画を作り出すという状況に慣れれば、人間が人工知能を創造的に感じるようになる可能性もあると思います。

そのとき、鑑賞者として大事なことは、「誰が作ったか」や「何から生成されたか」で判断するのではなく、あくまで自分の主観で好き嫌いを言い、物事を受け止めることではないでしょうか。そんな受け手の変化も同時に求められているのではないかと考えています。

とはいえ、やはり、創造的行為を人工知能に託す意味がどこまであるかは難しいところです。例えば、コルトンさんは、絵画や物語に人工知能を応用する一方で、「詩は人工知能に書かせても意味がなく、人間が書くから意味があるのではないか」と話していました。

確かに、詩というのは字面だけで成り立っているわけではなく、それが書かれたバックグラウンドまで含めて意義があるものだと思います。また、個人的には、オーケストラの指揮者のような、その人の個性やスタイルを楽しむ創作行為も、人工知能に置き換えられるかどうか疑わしいと思います。

ちなみに、私は最近のハリウッド映画などに顕著な、徹底的なマーケティングを重ねて制作された映画を観ると、「まるで人工知能みたいだな」という印象を受けることがあります。全てのプロセスが、「計算」されているように思えて、個人的にそういう作品は無機質に感じられ、あまり面白いとは思わなかったりします。また、そもそも、「二時間以内に収めないと多くの観客が来ない」とか「何分かに一回は展開が変わらないと飽きてしまう」とか、そんなことばかりを突き詰めた先には、歴史に残る作品が生まれる気もしません。

人間は「これは今までと違う！」という作品が登場したときにこそ、「すごい」とか「面白い」とかの感想を抱くのではないでしょうか。もちろん、「売上が伸びればいいのだ」という考え方もあるとは思いますが。

レンブラントの筆致を見事に再現した「新作」
© ING and J. Walter Thompson.

## 「美」も人工知能で変化する

もう一つ、人工知能と創造性の関係について、考えておきたいことがあります。

デミス・ハサビスさんに次のように言われました。

「音楽というのは数学的な処理がしやすい分野であり、そこがバッハ風、モーツァルト風などの作曲ソフトを作りやすい理由ではないか」と。逆に言うと、数値化が難しい、「言語」のような分野は、人工知能が発展しづらいのかもしれません。

二〇一六年四月、人工知能が描いた、レンブラントの「新作」が発表されました。オランダのマウリッツハイス美術館とレンブラントハイス美術館、マイクロソフト社などによるプロジェクトです。

現存するレンブラントの作品全てをスキャンし、題材や筆遣い、色合いといった特徴をディープラーニングのアルゴリズムで分析し、図案化。そして、3Dプリンタによって作成したといいます。結果、いかにもそれらしい作品になっていました。実は画風というのは、数値化できてしまう分野なのだそうです。

もちろん、こんなふうに簡単にレンブラントの特徴が抽出されたところで、画家本人にのみ作家性や創造性が存在することには変わりないと思うのですが、鑑賞の仕方は変わってくる可能性はあると思いました。

ただ、こうして、ある絵画から膨大な特徴が抽出されることは、とても興味深く感じます。人間にはできない方法で人工知能が絵画作品を見ているということかもしれません。評価値を用いた将棋ソフトから、新しい手が生まれてきたように、抽出された特徴をもとに描かれた人工知能の絵画に影響を受けて、新しい美術が生まれてくる可能性もあるのではないでしょうか。

人工知能から学んで、人間が将棋で新たな指し手を発想したり、新たな直観を形成したりする可能性があるように、絵画や音楽における「美」もまた人工知能で変化していくことはあり得るはずです。

現代の生活のなかにはビッグデータやマーケティング、行動経済学が浸透していて、「これが、お勧めです」と、日々レコメンドされています。そのような時代に、私たちがそういうものと無縁で生きるのは難しく、間接的な影響は常に受けているのだと思います。

それはそれで今とは別の「美意識」を生み出す、きっかけになる気もしています。

## 人工知能には「時間」の概念がない

「美意識」については、さらに考えていることがあります。

実は人工知能の開発においては、「時間」の要素を取り入れることが課題になっています。

例えば、静止した画像のデータを扱うのには人工知能は長けています。しかし、動画となると、時間の経過に応じて絵が変わっていくために、計算量が爆発的に増えてしまい、なかなかうまくいっていないようです。

逆に言えば、がんの診断で人工知能が成果を出しているのは、X線写真がそもそも静止画像だからなのです。アルファ碁もそうです。一つ一つの局面はあくまでも静止画像であるからこそ、現在の人工知能の手法が使えたのでしょう。

しかし、私は、「美意識」には、「時間」が大きく関わっているように思うのです。

例えば、棋士が将棋ソフトの手に覚える違和感。煎じ詰めると一つ一つの手は素晴らしくても、そこに秩序だった流れが感じられないことに由来しているように思います。それは、その時々の局面を一枚の静止画像と捉えて手を選び出しており、その後の局面の流れを検討していないように思えるからです。

だからこそ、文法は正しくてもおかしな文章と同じく、人工知能の選ぶ手に、一貫性を欠いた奇妙な違和感を覚えてしまうのでしょう。

こういう将棋における「美意識」については、第二章で「見慣れたものに覚える安定感や落ち着きと関わっている」という趣旨のことを書きました。

そんな「美意識」に、「時間」という概念を考慮すると、人間は、「一貫性や継続性のあるものを美しいと感じる」と言えないでしょうか。実際に、海や山など自然界の悠久の存在は、しばしば美しい情景として描かれる対象です。

そう感じるのは、自然のなかで安定したものを「美しい」と感じることが、人類が過酷な生存競争を勝ち抜いていく上で、有利だったからなのかもしれません。あるいは普段から人間は自然に取り囲まれていますので、あくまで生物学の言葉で言う、「個体学習」から来る「慣れ」として、「美しい」と感じている可能性もあります。おそらく実際には、その両方でしょう。

いずれにせよ、「美意識」は、「時間」の流れのなかでの文脈をつかむ能力と密接に関わっている気がしてなりません。

その意味では、コルトンさんの「詩は人間が作った方が面白い」という言葉は、腑《ふ》に落ちるものがあります。まさに詩は、人間が生きる「時間」、そしてその文脈から生まれる芸術だと思えるからです。また、オーケストラの指揮者がどんな音楽を奏でるのかという、人間の個性を楽しむ娯楽が、人工知能では面白くならないように私が感じるのも、そういう部分から来ているような気がします。

人間の感情も、実は「時間」が関わっている面があります。何に怒りを覚え、何に悲しみを覚えるかは、その人がそれまで生きてきた「時間」と蓄積した経験から生まれるからです。「言語」の意味を把握することにも、関係しているかもしれません。

そして、最近では「Recurrent Neural Network（リカーレント・ニューラルネットワーク）」という時系列を取り入れた、人工知能の学習法も盛り上がってきているようです。

いずれにせよ、人工知能が「時間」の概念を獲得できるかという問いは、これから大きなテーマになっていくのではないでしょうか。

「人工知能に物理の問題が加わってくるということだと理解しています」

羽生さんに人工知能ロボットの実現可能性について尋ねたときの答えだ。この言葉は、まさに人工知能ロボット開発の核心を突いている。

レポート❸――ロボットをどう教育するのか

### ロボットには五感がない

工業用ロボットのような、特定の場所で特定の動作を行うロボットは、すでに世界中の工場で導入されている。しかし、皆さんもご存じの通り、人間のように、どんな環境下でも、しなやかな動きをするロボットは現時点では、存在していない。

その大きな要因の一つに、人間の行動が、実は五感が取得する様々な情報を統合して得られた判断にもとづいているということがある。例えば、私たちは料理を作るとき、台所のなかで、見る、聞く、触る、温度を感じる、においを嗅ぐ……外界の膨大な情報を半ば無意識に取り入れ、調理を行っている。五感の情報があって初めて、人間はおいしい料理を作ることができるのだ。

けれども、通常のコンピュータは、人間ほど高密度かつ多岐にわたってセンサーを張りめぐらせているわけではない。例えば、カメラやマイクは付いているけれども、触覚や嗅覚にあたるデバイスは付いていない。ロボットに、料理をさせたいとしても、まだ、人間のように五感すべてを用いて行うことはできないのだ。

「レポート1」で紹介したように、近年では、「IoT」と呼ばれる、温度センサーやにおいのセンサーなどの端末をインターネットに接続していくビジネスも盛んになっている。これまで、インターネットにつなぐのはパソコンやスマートフォンくらいだったが、今後は、五感のデータがコンピュータに入力され、どんどん蓄積されていくことになる。その先に、羽生さんが言う「人間より優れた五感を持つ人工知能」を想定するのは、一朝一夕にはいかないだろうが、決して夢物語ではないように思う。

しかし、他にも難しい問題が存在する。例えば、複雑な文脈（状況）を踏まえた判断だ。私たちは、焦げたにおいを嗅いだときに、それが焼きたてのパンの香ばしいにおいなのか、それとも火事の前兆なのかを、シチュエーションからほぼ正しく察知することができる。でも現状のコンピュータは、そこまではいっていないのではないだろうか。

人工知能に、パンのにおいと火事のにおいを、その場の文脈から正確に判断させる機能を、持たせる必要があるのか——これは、なかなか難しいところである。そこまで人工知能を人間に近づけようとすることに、さほど大きな意味はないと思う人も多いはずだ。別に人間が得意なことは人間がやればいい。それも一つの判断だろう。

実際、この章で羽生さんが紹介している事例は、世界的に見ても珍しい研究が中心で、多くの企業や研究者は「人間のようなロボット」よりも、もっと実用的で、人間にはできないようなことを可能にしてくれるロボットを開発しようとしているのが実情だ。

## ロボットにもディープラーニング

今、ロボットの研究開発はどうなっているのだろうか。どこでブレイクスルーが起きるのかまったく読めないのが、昨今の人工知能研究ではある。しかし、少なくとも二〇一七年一月の時点で、「運動」と「判断」が両方とも高度になっているロボットは登場していない。高度かつ広範な動きのできるロボットは、複雑な判断ができない。一方、複雑な判断ができるものは、ロボットとしての動きはまだ発展途上、といった具合だ。

ロボットの「判断」について言えば、ディープラーニングが着実に浸透し始めている。今回の取材で訪れたカリフォルニアの大学、UCバークレーの機械学習の専門家ピーター・アビール氏らは、スタートとゴールだけ決めて、その間の行動をロボットに自律的に判断させる研究を行っていた。これはディープラーニングを用いたアルゴリズムで、まさにアルファ碁に正解が何かだけを示して、その特徴を自分で発見させていたような学習を、物理空間で行っていると言える。例えば、移動の学習であれば、目標物への距離で「正解・不正解」を判定させてしまえばいいというわけだ。

しかし、複雑な動きをロボットにさせるとなると、制御すべきモーターの数が増え、計算すべき要素が増える。その結果、学習時間はもっと延びるかもしれない。自律的に学習して、ロボットが人間並みにしなやかに動くようになるにはまだまだ時間がかかりそうだ。

### ロボットが得る「報酬」

ロボットに運動を学習させるときに、鍵となるのが、「報酬」という概念である。コンピュータゲームをしているとき、敵のキャラクターを倒すと、得点が上昇する。この得点の上昇が報酬にあたる。

ロボットが人間から与えられた目標を達成したときに、得点が上昇するなら、ロボットは「今まで行ったことで、この成功を得るために決定的に重要だったのは何か」を考える。

例えば、飛行機を組み立てさせるとして、ロボットがある作業をこなせば、「1」の報酬を与え、失敗したならば、報酬は「0」とする。このように、報酬機能をプログラムすることが、ロボットの学習には必須とされている。

アビール氏によれば、この「報酬」のプログラミングは決して簡単ではないと言う。例えば、掃除機のロボットが、「たくさんのゴミを吸い上げる」ことが正しい振る舞いだと学習するとしよう。そのときに彼らが、「ゴミを吸い上げてはまき散らし、それを吸う」と、大量のゴミを吸い上げたことになると認識してしまったらどうか。間違った学習をした人工知能は、間違った方法で思ってもみない行動をし始めるのだ。

## 「眼」の獲得

最近の研究では、ロボット自らが、報酬を探し出す方法を備えたものも出てきている。その方法とは、「見る」ことだ。まず、「どういう作業か」をロボットに見せる。ロボットは、人間の作業を「見る」ことから、その動作に紐づけられた報酬の存在を探し出すのだ。

ロボットは付属のカメラを使って自分の周囲を見渡す。そして、学習機能を使って、見えるものを「解釈」していく。例えば、金づちと釘《くぎ》が見えるとしたら、これらの物体がどこにあるかを粗いピクセル（画素）から推測していく。ロボットにとって、視覚情報を処理することは非常に重要だ。

人工知能研究の専門家、東京大学の松尾豊氏は、かねてから「人工知能が眼を獲得した」と発言している。

以前、『眼の誕生：カンブリア紀大進化の謎を解く』（二〇〇六年）という本が話題になった。英国自然史博物館の研究者が書いたこの本では、カンブリア紀に生物が一気に爆発的な進化を遂げた背景に、生物が眼の機能を獲得したことがあったとしている。生物が五感で取得する情報のなかでも、とりわけ視覚の情報量は多い。「眼」の登場で生存戦略の幅が一気に広がったというのだ。

松尾氏は、画像認識の技術が向上したことで、人工知能が視覚情報を扱えるようになり、その可能性が一気に広がるはずだと推測している。人工知能を搭載したロボットが進化を遂げているのもその一例と言えそうだ。

## 「分散学習」とは何か

先ほど、「運動系」については、「まだ発展途上」と書いたが、環境さえ整えば、あっという間に人間のように運動する、あるいは人間の能力を超えて運動するロボットが、誕生してしまう可能性もある。

その理由は、ロボットが持つ、人間と大きく異なる特質に存在する。それは、学習したデータを互いに共有できるという点だ。

例えば、ロボットAが茶碗を持つ訓練をしているとする。一方でロボットBはお茶を飲むためにテーブルを片づける訓練をする。またロボットCはお茶を茶碗に注ぐ訓練の最中。人間であれば、各々が学んだ情報はその人のなかにとどまっているが、ロボットは互換性を持つデータで学習すれば、その情報を共有できる。すると、A、B、Cのロボットの学習データを入手したロボットDは、何も訓練せずに、テーブルを片づけて、お茶を注いで、茶碗を持つことが、たちどころにできてしまうというわけだ。

この仕組みは、「分散学習」と呼ばれており、すでに工場の機械などでは実用化に近づいている。日本でも山梨県に拠点を置くファナックという工業用ロボット会社などが、プリファード・ネットワークス社という気鋭のベンチャー企業と共同で、この分野に大きく乗り出している。

さらに、グーグルなどのＩＴ企業も、分散学習を活かしたロボット開発に関する発表を行っている。もし、世界共通のロボットがそれぞれ分散学習をしてデータを共有しだしたら、その進化の速度は計り知れない。

もちろん、機械のパーツがもっと人間に近づくなど、ハードウェアの向上も必要だろう。しかし、この分散学習でいろいろなパーツごとの経験を組み合わせ、徹底的に実証研究を行った場合には、ロボットの運動が人間に追いつき、追い越すことさえも可能ではないかと多くの研究者が思い始めているのも事実である。

# 第四章　「なんでもできる」人工知能は作れるか

## ——汎用性と言語

## 人工知能は三つに分かれる

ここまでは、人工知能と人間の関わりについて、将棋の世界での事例やNHKスペシャルの取材で得た知見をもとに、私が考えてきたことを紹介してきました。

この章では、もう少し客観的な視点から、人工知能の開発の現場では、今、どのようなことが課題となっているのか、私なりに理解したことを述べていきます。

まず一般に、人工知能の研究は三つに大別されるようです。

一つ目は、「オラクル型」です。これはグーグルの検索エンジンやデータベースのように、こちら側で発した問いに、人工知能が回答を示してくれる、とてもシンプルなものです。

二つ目は、「ジニー型」です。これは指定されたタスクを、実行することを目指すタイプです。現在、人工知能と呼ばれているものは、基本的にはこのジニー型だと思います。第一章や第二章で言及した人工知能もこのタイプにあたります。

アルファ碁や防犯パトロールに使用されている人工知能のように、「囲碁で勝つ」「犯罪を防ぐ」といった明確な目的を人間が与えれば、彼らは非常によく働いてくれます。

ジニー型の人工知能の発展は、ここまでも書いてきたように素晴らしいものです。しかし、まだまだ「人間のような知能だ」とは言い切れない部分があるのも事実でしょう。なぜなら、人間は自分で「何をするべきか」を決めた上で、行動することができるからです。人工知能自身に、その判断をさせる研究はまだ十分に進んでいません。

そんなふうに、まさに人工知能そのものが、自ら意思を持ち、継続的に作業を行っていくことができるのが三つ目の「ソブリン型」です。

これは第三章でも紹介した、SF作家アイザック・アシモフの小説に出てくるロボットのように、人間が「これをやっておいて」と頼めば、自分の頭で考えて、次の行動を決める人工知能です。

確かに、ここまで来れば、人間が人工知能にいろいろな作業を任せておいても、彼らが代わりに物事を進めてくれそうです。あたかも、人間であるかのように、です。

しかし、この自律的に行動する人工知能の研究は、実際にはなかなか進んでいません。どうやら、その背景にはいくつかの難問が隠れているようなのです。

## 「フレーム問題」を考える

第二章の冒頭で、人工知能ロボットにとっては、見知らぬ家でコーヒーを淹れることは難しいというエピソードを紹介しました。

実は、ここに「人工知能開発のジレンマ」とも呼べる、大変に重要かつクリアすることが難しい課題が存在しています。

それが、「フレーム問題」です。

アメリカの哲学者・認知科学者のダニエル・デネットが、この「フレーム問題」について、次のような例でわかりやすく説明しています。

まず、ある部屋のなかにロボットを動かす予備のバッテリーがあり、その上に時限爆弾が仕掛けられている——という状況を想像してみてください。その状態で、ロボットは「部屋からバッテリーを取り出してくること」を試みます。

最初に部屋に入った「ロボット一号機」は、予定通りバッテリーを運び出しました。しかし、一号機はバッテリーの上に爆弾が載っているのには気づいたのですが、「バッテリーを運ぶと、上にある爆弾も一緒に運び出してしまう」という当たり前の事実に気づけず、爆発で吹き飛ばされてしまいました。

つまり、一号機は、「バッテリーを取り出す」という目的だけは理解したのですが、その動作で副次的に発生する「バッテリーを取り出すと爆弾も同時に運んでしまう」という事実が理解できなかったのです。

そこで、今度は副次的に発生する事項も考慮する「ロボット二号機」を作ることにします。これなら、爆弾を上に載せたままバッテリーを移動させると、副次的に爆弾も同時に外に出てしまうと理解できるでしょう。

ところが今度は、二号機が部屋から出てこないまま、時限爆弾は爆発してしまいました。

と言うのも、二号機はバッテリーの前で、「このバッテリーが置かれたワゴンを引いて、本当に車輪は回転するのか」「ワゴンを運び出すと壁の色が変わったりしないか」と、無限に思考し続けていたのです。つまり、今度は考慮に値しないような、副次的に発生し得る事項まで全て考慮してしまったのです。

とすれば、今度は「爆弾やバッテリーと関係のないことは考えない」という「ロボット三号機」を作ったら、どうでしょうか——ところが、今度はロボットは部屋の前で動かなくなり、爆弾は爆発してしまいました。

三号機は「今考えていることは、果たして爆弾やバッテリーと関係のないことなのだろうか」と、またもや無数の可能性を検討してしまったのです。

**不思議なアプローチ——「マルコフ連鎖モンテカルロ法」**

「フレーム問題」の本質は、ある目的に対して「関係のあること」だけを選び出すことが人工知能にとってなぜか難しい、ということにあります。これに相当する話は、囲碁や将棋にも存在していると思います。

例えば、ボードゲームのソフトに使われるアルゴリズムに、「マルコフ連鎖モンテカルロ法」があります。アルファ碁のソフトにも使われていて、囲碁ソフトの性能の飛躍的な向上の要因にもなった計算手法です。

「マルコフ連鎖モンテカルロ法」とは、「とりあえず最後まで演算をした結果をたくさん作って、それを比較して正しい選択を検討する」という手法です。

将棋で言えば、一手ずつの良し悪しを気にせずに最後まで進めた対局のパターンを大量に作ることになります。人間の視点からは、単に無駄で膨大な作業が増えていくだけなので、なかなか不思議な手法です。

ところが、「塵も積もれば山となる」の言葉の通り、たくさんのシミュレーションの結果を比較して、統計的に処理をするとうまくいってしまうのだそうです。

まさに第二章で説明したように、膨大な「量」のデータが「質」へと転化していく人工知能の特徴がよく出ています。

ところが、この計算手法は囲碁ではうまくいくのですが、チェスではうまくいかないと言われています。と言うのも、囲碁の場合は終局までの手順をコンピュータで計算しきれるのですが、チェスでは収束しないケースがあるからです。

具体的に言うと、囲碁の場合、終局までの手順の可能性は、一般的に一〇の三六〇乗とされています。途方もない数ですが、有限の値ですし、その計算もコンピュータの世界で「NP（非決定性多項式）」時間と言われる、理論上は計算を終えられる有限時間の範囲にとどまっています。

しかし、チェスでは局面の可能性は約一〇の一二〇乗と、囲碁よりはかなり少ないものの、囲碁と違って引き分けがあります。そのため、同じ局面が続いて、永遠に計算をし続けてしまうケースが大量にあるのです。

「フレーム問題」について考えるとき、私はこの話を思い出します。人工知能は、人間にはさばけないほどの大量の情報を処理できます。でも、「引き分け」のような無限に続く事例で、人間のように「これは引き分けだぞ」と判断して、「読み」を打ち切るのが人工知能にはどうにも難しいのです。

チェスや囲碁のソフトでは、先ほども書いたように、人間が処理できないような膨大なデータを処理することで「量を質に変える」アプローチを取ることが多いようです。しかし、将棋で言う持将棋《じしょうぎ》（お互いに敵陣に入り勝負がつかなくなる）のような無数の可能性を想定せざるを得ない局面でも、このアプローチで常に解決できるのでしょうか。「フレーム問題」とは、まさにそういう問題で登場する話だと思います。

実際のところ、今の囲碁のソフトでは、確かに「マルコフ連鎖モンテカルロ法」にヒューリスティック[*1]な概算を組み合わせた手法が有効です。しかし、いずれ進歩を続けていくうちに、「三コウ」[*2]や「長生《ちょうせい》」[*3]のような引き分けの局面がたくさん現れて収束ができなくなる可能性はないのでしょうか。

とても高いハードルではありますが、この「フレーム問題」が解決されたときには、おそらくディープラーニングの登場以上に、インパクトのあるブレイクスルーとなるでしょう。個人的には、汎用的な人工知能が誕生する可能性は、実はここにあるのではないかと思うほどです。

## チューリング・テストと「中国語の部屋」

研究・開発現場の方々と話をしていると、人間であればとても簡単にできることが人工知能には難しいと聞いて、驚くことがよくあります。

しかし、そもそも人工知能と言うときの、「知能」とはどんなものなのでしょうか。

機械の「知能」の基準については、これまでに多くの人々が頭を悩ませてきました。その議論のなかで、様々な「知能」の判定方法が生まれてきました。なかでも最も有名なのが、一九五〇年にイギリスの数学者・コンピュータ科学者、アラン・チューリングによって考案された、「チューリング・テスト」です。これは、機械をつないだディスプレイと、背後で人間が入力した結果を出すディスプレイを置いて、その各々と判定者である人間がキーボード入力によって「会話」を行い、人間か機械かを区別できるかを見るというものです。判定者が区別できなかった場合、その機械には知能があるとされます。

しかし、チューリング・テストをパスすれば、本当に「知能を持っている」と言えるのかは難しいところです。これにはアメリカの哲学者、ジョン・サールによる「中国語の部屋」という有名な反論があります。

英語しかわからない人が、部屋にいるとします。そして、彼は部屋の外の人間と中国語の文字でやりとりをしなければいけません。

ところが、その部屋には中国語がわからなくても、そこに書いてある通りに対処すると中国語の受け答えができてしまう、完璧なマニュアルが置かれています。すると、その人は英語しかわからないにもかかわらず、そのマニュアルによって中国語の受け答えができるのです。

こうすれば、部屋の外にいる人間には、中国語による対話が成立しているように思えます。しかし、そのシチュエーションで中国語の受け答えができたとして、部屋のなかにいる人が中国語を理解していると言えるのでしょうか。

実際、現状の人工知能は、人間のような理解の仕方で、やりとりしているわけではありません。チューリング・テストも、「その場にいた人間にとって、知能を持っているように思えたか」を調べるものであって、本当にその機械が「知能」を持っているかに踏み込んだテストではありません。

## 人工知能は言語を理解できるのか

これは、言語が人工知能にとって、扱うことが難しいテーマだということでもあるでしょう。

しかし、最近は人工知能が目覚ましい進歩を遂げていて、長らく困難だと言われていた、文章の認識や分析をコンピュータに行わせる手法がだいぶ進歩したと聞きます。「中国語の部屋」に関係するような、人間が日常的に使っている言語をコンピュータに処理させる、自然言語処理の分野にもその進歩は及んでいます。

例えば、「形態素解析」と呼ばれる手法が洗練されてきました。形態素解析というのは、ある文章をその言語の文法などに沿って、形態素（意味を持つ最小の単位）に分割して判別していくやり方です。

この手法は、英語では簡単だけれども、日本語では難しいと言われてきました。と言うのも英語の文は、単語と単語の間にスペースがあるので比較的分類しやすいのですが、日本語の文の場合は単語と単語が連なっているので、品詞分解の作業が発生してしまうからです。

ところが、最近は日本語の形態素解析を行うソフトウェアにも、とても優れたものが出てきました。「MeCab」[*4]や「Kuromoji」[*5]などが特に知られています。また、形態素解析で辞書のように使われる、文章などの言語資料を集めたデータベースの「コーパス」も充実してきました。

しかし、それでも私たちのように日常言語を使うのは、難しいそうです。

と言うのも、「言葉は生き物」なので、常に新しい単語や文章、使い方が出現するからです。コーパスの世界では、今も「未知語」と呼ばれるような、まだコーパスに収録されていない言葉をどうアップデートしていくかが大きな課題だそうです。ただ、この点は人間の場合も同様で、私たちも新聞や雑誌の記事などで知らない単語が並んでいるのを見ることは多いでしょう。

ちなみに、この形態素解析の後には一般に、コンピュータは構造解析を行います。これは、文章の「係り受け」について解析をする段階です。

例えば、「きれいなチューリップの花が庭に赤く咲いた」という文章があったとします。「花」という主語は、最後の「咲いた」に係っていますが、これを機械に正確に解析させるのも、なかなか大変なのだそうです。

しかも、こうして文章全体の内容を文法的に捉えても、今度は「解釈」の問題が登場してきます。一つの文章には、たくさんの解釈が存在しているのです。また、日本語に特に顕著ですが、「誰が／何が」にあたる主語が文章に書かれていないこともあります。しかも、「行間を読む」という表現の通り、テキスト上に書き表されていないことに、重要な意味を持たせている場合もあります。

こうして見ると、確かに人工知能が「言語を理解して使用する」ことは、かなり難しい作業に思えてきます。

## 人間も「中国語の部屋」にとらわれている

ただ、個人的にはチューリング・テストの、人間に近いかどうかが知能の尺度を示すという考えは、現在の人工知能開発を取り巻く状況にどれほど見合っているのかと思います。

そもそも私たちは人工知能に、何を求めているのでしょうか。

多くの人工知能は機能主義的な成果を目指して、開発されているようです。とすれば人工知能の発展を計測するときにも、別の尺度が必要なのではないでしょうか。

また、人間にも「中国語の部屋」は存在するのではないのかという問いもあります。

私たちは脳のメカニズムや言語野（大脳皮質の言語を処理する部位）を完全に解明したわけではありません。実際のところ、人間同士で会話が成立しているように見えても、互いに考えていることを全て把握していることはないはずです。そもそも誤解や思い違い、先入見などがありつつ、それでも意思疎通を図ること——それがコミュニケーションなのではないでしょうか。私は、人間も、「中国語の部屋」にとらわれているのかもしれないと思います。

ですから、定式化されたコミュニケーションに限定すれば、人工知能が日常的に、大いに役立つケースも想定されるのではないでしょうか。

例えば、海外旅行のとき、ガイドブックのページを指さして、現地の人とコミュニケーションをすることがあります。外国語の旅行会話集などの本やアプリを使う人もいるでしょう。でも、それを使ってコミュニケーションが成立すれば、旅先で楽しい経験は味わえるはずです。もちろん、その国の言葉を完全に理解して使うのとはまったく別の話ですが、「旅行を楽しむ」という目的が達成できれば、それはそれで十分だという考え方もあるかもしれません。

私自身は、「中国語の部屋」をクリアせずとも、有用な人工知能が誕生する可能性はあると思います。

## 「学習」と「推論」

「フレーム問題」と「中国語の部屋」。この二つは大変に有名な問題ですが、他にも人間にはできて、まだ人工知能にはできないことが存在します。

最近知って面白かった話に、「人工知能はまだ『学習』と『推論』を同時にこなせない」というものがありました。例えば、ドローンが空を飛んでいる姿を見て、人間ならばせいぜい二、三機も見れば、次の対象を知覚したときに「これはドローンだな」と、「推論」できるでしょう。数少ないケースやパターンで特徴を抽出できるのは、人間ならではの能力です。

翻って、人工知能はどうでしょう。

人工知能は、ビッグデータなしに学習できません。推論できるのはその後です。つまり、ドローンの画像を何百万、何千万枚と読み込ませて事前に「学習」を終えて、初めて「これはドローンだ」と「推論」できるのです。

なぜ人間には、「学習」と「推論」をスムーズに同時に行うことが可能なのでしょうか。そこには、人間が複数の概念を組み合わせて理解する能力を持っていることが影響している気がします。人間は、他にもヘリコプターや飛行機のような、ド﹅ロ﹅ー﹅ン﹅で﹅は﹅な﹅い﹅空を飛行する存在を知っています。おそらく、そうした知識をうまく組み合わせて、答えを導き出しているのだと思います。しかし、こういうことは、まだ人工知能が苦手とする部分です。個人的には、ここがクリアできると、だいぶ人工知能やロボットが人間に近づくのではないかと感じています。

### 汎用人工知能へのアプローチ

第一章で、デミス・ハサビスさんが人間の知能の優れた点として、汎用性を挙げていたという話をしましたが、彼は、こうも言っていました。「一つのゲームで学習した知識を、また別のゲームに応用できるのが人間の知性のすごいところだ」と。実は、様々な知識を組み合わせて、今、飛んでいる物体が何かを特定することにも、人間の脳が持つ汎用性が関わっているのではないかと思います。

ハサビスさんが目指すゴールは、まさにこの一つの領域にとどまらず、様々な領域を扱うことができる「汎用人工知能」だそうです。ハサビスさんは、これを科学に応用することを夢見ていました。例えば、物理学における万物理論[*6]の構築をサポートすること、あるいは「なぜ人類はここに存在しているのか」という根源的な問いや、生命や宇宙の存在意義を明らかにすること――。

取材の最後にハサビスさんが発した、「脳が行っている作業で、人工知能が行えないものはないはずだ」という言葉が印象に残っています。実際、取材中、彼はポリシーネットワークなどについて説明をしながら、いかにアルファ碁がこれまでの人工知能と比較して、「人間的」なプログラムであるかを強調していました。ハサビスさんにとって、人工知能開発のモチベーションの一つは、人間の思考過程を解き明かしたいという興味にあるようです。

とはいえ、目的を限定した、専門人工知能の進歩は順調に進んでいても、汎用人工知能の開発の道のりはまだまだ緒に就いたばかりです。

立ちはだかる障壁はいくつもあります。実現のためには、「フレーム問題」の解決は必要条件でしょう。ＩｏＴ時代への移行にあたって、必要な計算リソースが飛躍的に増大するという問題もあります。

第一章で紹介した、「ムーアの法則」も、どうやらそろそろ限界を迎え、新たな技術的なブレイクスルーを必要とする時期に差しかかっていると聞きます。そのために、演算を並列化して処理速度を上げるなどの様々なアプローチが行われているようです。

その一つが、量子力学を利用した、量子コンピュータです。通常のコンピュータは、「0」と「1」という数字の羅列で計算していますが、量子コンピュータの場合は、「0」と「1」が重なり合った状態で同時に計算されます。理論上、スーパーコンピュータをはるかにしのぐ処理速度が実現できると言われていて、人工知能開発への活用も期待されています。カナダで開発された「D-Wave」などのように一部で実用化も始まっているようですが、まだその用途は限定的だといいます。

また、人間の脳を模倣して開発する、「脳型コンピュータ」の研究も進んでいるのだそうです。元々、ディープラーニングのプロセスで使われているニューラルネットワークにも、脳の仕組みが取り入れられていました。

ただ、人間の脳が本質的にどのように知性を成立させているかはいまだ深い謎に包まれています。脳の研究が困難であることは、生物の進化の過程でたどり着いた人間の脳というものの複雑さの証明でもあるでしょう。そう考えると、脳の解明と汎用人工知能の実現は、「タマゴが先か、ニワトリが先か」ではありませんが、いずれかが進めばもう一方も前進する関係にあるのかもしれません。

## 日本と欧米、研究環境の違い

国内外で人工知能のスペシャリストに話を聞いていくと、人工知能の研究・開発における環境の違いを感じることがあります。

日本においては、一九八〇年代に「第五世代コンピュータ計画」が立ち上げられ、大きな盛り上がりを見せました。「人工知能こそが、来る『第五世代コンピュータ』である」として始まったこのプロジェクトは、約一〇年続きました。

ただ、その後の人工知能研究は、長らく公的なサポートが薄いなかで続けられていたそうです。近年のディープラーニングの隆盛で、ようやく再び研究対象として見直されている、というのが現状です。

一方、欧米の研究・開発はどうなのでしょうか。

EUでは「Human Brain Project（ヒューマン・ブレイン・プロジェクト）」という計画が、総額一二億ユーロ（約一四五〇億円）の研究予算を計上して進められています。人間の脳について解明し、脳疾患を診断・治療するための新たな方法を見つけることが主眼のようですが、さらにその成果をもとに「人間のように考える人工知能」の開発も目指しているそうです。予算の配分をめぐって議論が繰り広げられているとか、なかなか成果が上がっていないとかの噂も聞きますが、規模が大きいことは間違いありません。

アメリカでも、「BRAIN Initiative（ブレイン・イニシアティブ）」と呼ばれるプロジェクトが進行中です。

二〇一六年から一〇年間で四五億ドル（約四五〇〇億円）が投下される、まさに国家規模の大プロジェクトです。こちらも、脳研究をメインに据えつつ、その延長線上に人工知能があります。月面着陸を果たしたアポロ計画もそうですが、将来性のあるところにダイナミックに力を注ぐ国家戦略には目をみはるものがあります。

この「ブレイン・イニシアティブ」は、実用的かつビジネスを意識した方向性で進められているそうです。「機能的に使えるものを目指す」「できるところから開発する」という姿勢は、アメリカでは官民に共通する気風のようです。

研究環境だけでなく、その目標も、日本と海外では大きく違うと考えています。取材で訪れたなかでも、Pepperは、やはりとても日本人らしい研究だと思いました。文化の差は、特にロボット開発の現場で、かなり特徴的に出てくる印象があります。

東京大学の人工知能研究者、中島秀之さんから聞いた話では、日本人はロボットに目や顔がついていれば親しみやすいと感じますが、これは日本固有のことで、欧米は違うという話でした。

実際、Pepperのようなロボットを開発する動きは、海外では意外とないそうです。『鉄腕アトム』を生み出した国と『ターミネーター』を生み出した国の差なのかもしれませんが、どうも日本人はロボットと友達になりたがる向きがあるのかもしれません。

## 将棋ソフトに見る、ものづくりへの情熱

また、人工知能の開発プロセスそのものにも、お国柄はあるように思います。

例えば、日本の将棋ソフトは、チェスや囲碁のソフトの発展とは、かなり異なる流れで強くなってきた歴史があります。

「ハードウェアの向上」に頼らずに、ひたすらソフトを強くすることで、日本の将棋ソフ

トは進化を遂げてきたのです。

なぜ、ソフトを強くしなければいけなかったのか――。一番大きな理由は、「予算の差」です。前述の通り、チェスのディープ・ブルーであれば、ＩＢＭという大企業が開発を行い、アルファ碁であれば、少なくとも学習時にはグーグルのデータセンターとハードウェアを使っています。巨大な資本の投下で、物量に物を言わせるのが欧米流です。

ところが、日本にはそんな予算を捻出《ねんしゅつ》できる研究現場がありませんでした。加えて、将棋の棋譜のデータベースはせいぜい一〇万局分。そもそもアルファ碁のように巨大なハードウェアを使って学習する必要が、ほぼなかったのです。

日本の将棋ソフトを取り巻く環境は、恵まれたものではなかったかもしれません。しかし、結果的に市井の個人開発者たちがソフトを洗練させて、インターネット上でそれを公開していく流れが生まれました。

Bonanza の開発者の保木邦仁《ほきくにひと》さんは将棋のプレイヤーでも、コンピュータの専門家ですらもなく、元々は化学の研究者です。あるいは、「技巧」を作った出村洋介さんは、専門は法学。それぞれ、他の分野の知見を有意義にプログラムに取り入れているのだと思います。一般企業で、エンジニアをしながら、開発を続けている人もたくさんいます。アルファ碁やディープ・ブルーと違い、電王戦に登場した将棋ソフトは、基本的には個人が片手間で、しかし類いまれなる情熱によって生み出したものなのです。

企業のなかでは必ずしも高度なプログラミング技術を求められるわけではないが、その力をどこかで発揮したい――。コンピュータの性能は低くても、プログラムに創造性を込めて革新的なソフトを生み出したい――。

そういう人たちが、手を替え品を替え、競い合うようにして、ひたすらに工夫を重ねてきた。それが日本の将棋ソフトの歴史です。ここには、巨大資本で物量に物を言わせる欧米との違いだけでなく、他の日本固有の伝統文化に共通する、どこか日本人らしい国民性も見出せるように思います。

もちろん、その一方で、どこの国の人工知能開発でも大事な役割を果たしているものもあります。「オープンソース化」などは、まさにそうでしょう。

日本では、将棋ソフトBonanzaのプログラムがオープンソース化されたことが、その発展に大きな役割を果たしたと第二章で書きました。さらに、ここ数年でも、「Apery（エイプリー)」や「技巧」などの優れたソフトがオープンになっています。

その結果、ソフトの進化の速度は上がって、一年ほどでスタンダードが変わり、優秀なプログラムがどんどん上書きされています。気づいたら去年の山の頂上が、今年は五合目になっているような感覚です。

こういう人工知能のオープンソース化は、海外でも同じく大きな意義を持っています。例えば、グーグルが開発した「TensorFlow(テンソルフロー)」という機械学習のプログラムもオープンソース化されています。フェイスブックはディープラーニング用のツール「Torch(トーチ)」を、マイクロソフトは機械学習用のツール「CNTK」を同様に公開しています。もちろん、日本においてもプリファード・ネットワークス社がディープラーニング用のソフト「Chainer(チェイナー)」を公開し、高い評価を受けている事例があります。

オープンソース化の流れには、「人材を確保する」「マーケットを広げる」「裾野を広げる」など様々な目的が考えられるでしょう。インターネットという技術の性格を踏まえると、必然の変化のようにも思えます。

営利企業の場合、そのソフトの全てを公開するのは特許や商標、権利関係の問題もあり困難でしょう。しかし、ぎりぎりのラインを見極め、公にして、そのフィードバックを得る。この流れにより、人工知能の開発は、今後さらに、加速度的に進んでいくのではないでしょうか。

注

＊1 「発見的（方法）」と訳される。コンピュータや心理学の分野の用語で、ある判断を下す際に、原理にもとづく完全な正解ではなく、試行錯誤によってそれに近いレベルの答えを導き出す方法。

＊2 互いが相手の石を取り合って、無限に続く可能性のある形を「コウ」と言い、これが三つ出来て、無勝負（引き分け）となること。

＊3 同じ局面が反復されて、無勝負となること。

＊4 グーグル日本語入力開発者の一人である工藤拓氏によるオープンソース型の形態素解析エンジン。辞書やコーパスに依存しない汎用的な設計を方針としている。

＊5　辞書を内包した形態素解析のソフトウェア。オープンソースで手軽にダウンロードもできる。
＊6　この宇宙で起きていることの全てを、数式によって記述することで説明できる理論。

## レポート❹――「汎用人工知能」実現への道

### パソコンがワープロに勝った理由

汎用性は、多くの人工知能の研究者が話題にするテーマだが、ビジネスの観点から人工知能を捉えている人たちも強い関心を抱いている。

なぜかと言うと、汎用性は人工知能の普及という点で、重要な意味を持つからだ。端的に言えば、「価格を下げる」効果があるという。どういうことか。ドワンゴ人工知能研究所所長の山川宏氏から聞いた、ワープロとパソコンについての話が参考になると思うので紹介したい。

ワープロは、文字を入力して文書としてレイアウトできる特化型コンピュータだ。文章を書く人にとっては非常に使い勝手が良く、かつて爆発的に売れた。しかし、Windows や Mac、Linux などの汎用ＯＳを搭載したパーソナルコンピュータ、いわゆるパソコンに取って代わられた。

文書作成においては、ワープロに使い勝手の良い機能がたくさんあったが、OSで動かすパソコンのソフトはそこまでではない。その代わり、パソコンでは、例えば、「イラストレーター」など、絵を描くというまったく違う機能を持ったソフトを簡単に動かすことができる。結局、絵も描けるし、音楽も聴けるし、インターネットも見られるという、まさになんでも扱える、汎用的なパソコンの魅力が勝った。

しかし、勝利の要因はそれだけではない。そのプラットフォームである汎用OSこそが、パソコンの価格を下げ、爆発的な普及を生み出した原動力となったのだ。現在、スマートフォンやタブレットなどの端末でも、「iOS」や「アンドロイド」と呼ばれるOSをプラットフォームとして、「アプリ（アプリケーション・ソフトウェア）」という、決まった機能に特化したソフトが続々と生み出されている。

人工知能の汎用化とは、この汎用OSと置き換えるとわかりやすいかもしれない。もし同じアルゴリズムで、何でもできる、汎用性の高いものが開発されたら、ソフトウェアも、ハードウェアも、機能別に生産する必要がなくなり、大量生産が可能になる。そうなれば、これまでの家電製品がそうであったように、価格はどんどん下がっていくはずだ。

## 人工知能を搭載した家電

どんな専門的なタスクも、共通の人工知能でこなせる——そんな人工知能が出現すれば、今使用されている個別のソフトも、必要なくなるかもしれない。何かを行う際のコツは、人工知能自身が学習してしまうからだ。私たち人間が、自分の脳を使って、様々なことを学習したり、読み書きや運動をしたり、コミュニケーションを行ったりして日々暮らしているのと同じことだ。

二〇一四年末に、物流の巨人アマゾンは、人工知能が搭載されたスピーカー「Echo（エコー）」を世に送り出した。家庭のアシスタント的な役割を担うデバイスとして、今も売り上げを伸ばしているが、搭載されている人工知能が「Alexa（アレクサ）」だ。二〇一七年一月、アメリカ・ラスベガスで開催された家電見本市（CES）でも、アレクサが存在感を放っていた。

自動車メーカーのフォード社は、自社の車にアレクサを搭載する計画を打ち出した。車のなかから、家にある家電製品を操作するなど、アレクサを家庭と車を結ぶツールとして位置づける試みだ。ＬＧやレノボなどのメーカーは、あらゆる家電を、アレクサ経由で管理できるコンセプト商品を打ち出した。

ロボット掃除機が部屋をきれいにし、冷蔵庫の在庫管理をし、メニューを考え、調理まで行う――そんな未来が本当にやってくると実感させる展示が並んだ。

その可能性の中心に、人工知能が存在する。インターネットから人工知能へ、巨大ＩＴ企業の覇権争いの場が徐々に移ってきた感がある。もちろん、今はまだ、特定の機能に限られたものではあるが、人工知能の汎用性が高まっていけば、様々な装置が、同じ人工知能に置き換わっていくだろう。大量生産も進み、価格が劇的に下がることで、さらに普及するというサイクルが生まれるのではないだろうか。

アルファ碁を開発したディープマインド社も、大きな目標として「汎用人工知能」を目指している。囲碁を学習させた人工知能をそのまま他の分野に転用することはできないにせよ、学習の仕組みは同じディープラーニングを用いているからだ。

さらに言えば、汎用性を持つ人工知能の開発を目指したベンチャー企業は世界中にある。一筋縄ではいかないだろうが、ここ数年の進化のスピードを見ていると、その実現の日はそう遠くはないかもしれない。

そのときには、かつてのワープロとパソコンのように、パソコンが人工知能に取って代わられている可能性もある。

## チューリング・テストに合格したプログラム

羽生さんが紹介していた、チューリング・テストにも触れておこう。二〇一四年、初めて合格した人工知能が現れたと話題になった。「ウクライナ在住の一三歳の少年、ユージーン・グーツマンくん」という設定のプログラムだ。

テストは、画面を通したチャットとして進む。審査員は、ジャンルに縛られることなく自由に質問、それが、画面にテキストの文章で答えとして返ってくる。五分間のコミュニケーションで、チャットの相手が、コンピュータなのか、人間なのかを判別していくというものだ。アラン・チューリングの死後六〇年を節目として、テストが開催された。挑戦したのは、五つのプログラム。審査員の三〇パーセント以上を欺けば、合格となるこのテストで、ユージーンは、三三パーセントの審査員が人間だと判定した。

とはいえ、これで、本当に人間のようなプログラムが出来たと考える人は少ないだろう。しかし、私は、「うまいな」と思った。

・ウクライナ在住という設定…英語を母国語としていない国を選んだ。
・一三歳という成熟していない年代…受け答えが多少たどたどしくても、「少年だから……」というバイアスがかかり、大目に見てしまう。

私たちの思考の傾向をうまく利用して、足りないところを補った部分があるのではないかと感じたからだ。

今、コミュニケーションを行うことを目的とした人工知能は、会話も一つのパターンと捉えて、膨大なデータから的確な文章を紡ぎ出すようになっている。

私自身は、最新の音声認識ソフトや翻訳ツールを利用したときに、その進化を体感した。私事で恐縮だが、小学生の息子が、おもちゃや動画の検索を行うときに使うのが、音声認識だ。多少聞き取りづらい言葉でも、そして最新のおもちゃの名前でも、ほぼ正確に文字として打ち出されていく。また、英文を読んだり書いたりするときに、翻訳ソフトを使うことがあるが、「これは意味が通じない」とか「文法がひどい」と感じるよりも、「結構いけている」と感じることの方が増えてきた。海外のサイトを翻訳して表示する際にも、意味が通じる割合が圧倒的に高くなっている印象だ。

## 東ロボくんと、「理解」の問題

しかし、これらの人工知能は、本当に言語を理解していると言えるのだろうか。実はここで、難問に突きあたる。そもそも、「理解する」とはどういう状況を指すのか。羽生さんが「中国語の部屋」を例に説明していたように、「理解」しているかどうかを客観的に示すことはとても難しい。

東京大学合格を目標に開発が進められてきた人工知能「東ロボくん」(「ロボットは東大に入れるか」プロジェクト。二〇一六年一一月にプロジェクト終了を発表)は、センター試験をベンチマークとして、その能力を測ってきた。

プロジェクトチームが頭を悩ませたのは、やはり、「理解」をどう定義するかという問題だ。私たち人間が互いに「意思疎通ができた」と感じた状況を、「理解した」と言うなら、それはなかなか客観的に説明できるものではない。こうした曖昧さが非常にやっかいなのだという。

プロジェクトのリーダー、新井紀子さんにお会いした際、「意図をくみ取る、理解する」ということをどうやって数学的に表現するのかが、大変難しいと話していたことが印象に残っている。

例えば、坂をボールが転がって落ちていくという図があるとする。坂の途中に描いたボールと、坂を転がった後のボールが同じもので、時間の経過に沿って一つの図にまとめて書いたということを、私たちは、問題の趣旨から推測したり、これまでの経験を参照したりして瞬時に理解する。

しかし、人工知能の場合はそうはいかない。それが、どういう意図で描かれたのか、そしてどのように判断すればいいのか、人工知能に検討させるために、数学的に記述する必要がある。私たちが日常的に行っている「理解」は、実はきわめて高度な行為なのだ。

私たち自身も、文章や会話で、相手の意図を理解したつもりになって、日々過ごしている。それは、双方の「つじつまが合っている、とお互い同意している」という認識から来るものだと思うが、何をもって本当の「理解」とするのか、論理的に答えることは現状難しいと言えるだろう。

今後、「理解に対する理解」が深まったとき、汎用性の実現に向けて、人工知能はさらなる高みに向かうのかもしれない。

# 第五章
# 人工知能といかにつき合えばいいのか

## 二〇〇七年の発言

先日、東京大学の言語脳科学者・酒井邦嘉《くによし》さんとの講演イベントで、二〇〇七年の雑誌の特集に取り上げられた、私の次のような発言が紹介されました。

「私がコンピュータ将棋に関心を持っているのは、コンピュータ将棋がどれほど強くなるかよりも、人間と同じような手が指せるようになるか、についてです。（中略）あるいは、人間よりも強くなったコンピュータが考えた手が、はたして本当の意味でのベストなのかどうかを知りたいと思っています」（「中央公論」二〇〇七年五月号）

もう一〇年前の言葉になりますが、この本で私が人工知能について考えてきた問題意識は、当時から変わっていないように思います。

まず、当時の発言で私が言っているのは、「人工知能が人間と同じような手を指せるのか」です。まさに第三章で見たようなコンピュータは、それにあたるものでしょう。作家の「作風」にあたる部分を数値化することで、レンブラントなどの過去の巨匠の絵画を再現することが可能になったのです。

将棋でも棋譜のデータがある程度蓄積され、棋士の着手の特徴を示す「棋風」の部分が数値化されれば、おそらく可能だと思います。例えば、織田信長や豊臣秀吉、徳川家康に仕えたと言われる、初代名人・大橋宗桂《そうけい》の棋譜も残っているので、それをもとに再現できるような時代が来るかもしれません。

このように、人間の「美意識」を人工知能が真似ることは、それはそれで重要なことだと思います。人工知能の「恐怖心がない」などの性質は、私たちに不安を与えるものです。そのときに、人間らしい安心感や安定感のある「美意識」を人工知能が持つのは、社会に受け入れられていく上で大事なことだと考えています。

## 一〇〇億の人間と一〇〇億のロボットが共存する社会

その意味では、とても印象的だったのが、ソフトバンク社の孫正義さんの言葉でした。彼は、「一〇〇億の人間と一〇〇億の人工知能ロボットが共存する社会」と、しばしば口にしています。しかし、話を聞いた際、もしその時代が到来したときに、「人工知能開発のほとんどが、生産性と利便性を追い求めているだけの存在なら、とても怖い世界になるのではないか」とも言っていました。人工知能が人間とかけ離れた存在になるのではなく、感情を持ち、人間と寄り添える能力を持つことを孫さんは重要だと考えているようです。

実は今回、取材した人工知能の研究者のなかには、感情を人工知能に与えるのはむしろ危険ではないかと考える人もいました。何かのトラブルで暴走して、感情を抑制できなくなったときに発生するリスクが、人間よりも大きいのではないかと言うのです。

孫さんも、人工知能が人間を超えていく可能性は想定しています。いや、むしろ私の前で、天気予報のようなカオス的事象などでさえも、やがて、人工知能が解いていけるのではないかと話していました。

しかし、そんなふうに人間を超えていく存在だからこそ、人工知能には親しみが必要だと考えて、人間と調和するロボットを生産することを目指しているのだと思います。

## 人工知能を信じすぎてはいけない

では先ほどの、コンピュータ将棋に言及した私の発言の後半部分にあたる「人間よりも強くなったコンピュータが考えた手が、はたして本当の意味でのベストなのかどうか」という点についてはどうでしょうか。

直近の人工知能の事柄で言うと、この「人間を超える」人工知能という問題が大きいように思います。実際、孫さん自身も「世界で一社くらい違うことをやってもいいと思った」という言い方で認めていたと思うのですが、企業における通常の人工知能開発は、人間では達成できないような能力の開発という意味合いで捉えられていることが多い気がします。

ただ、ここまで話してきたように、ディープラーニングによって実現する思考はブラックボックスです。たとえそれが大きな生産性向上につながっても、どういうプロセスを経てその回答にたどり着いたのかは、解明できないし、推測も難しいと言われています。しかし、それが本当にベストなのかどうかは、分析していくべきだろうと思います。

NHKスペシャルでは、人工知能が社会に活用されている事例として、シンガポールの交通システムを取材しました。シンガポールは国土が狭く、交通渋滞が深刻な社会問題となっているそうです。そこで道路の混み具合を人工知能がリアルタイムに認識して、渋滞を改善するよう調整するのだといいます。

人工知能を取り入れた、シンガポールの高度交通システム

これは、将棋や囲碁などゲームの世界に限らず、実社会における活用であってもデータが蓄積されている分野では、人工知能が活躍できる素地があるということでしょう。ともすると、今後、アルファ碁のように、膨大なデータに裏打ちされて、想像もしなかったようなすごい結果が出てくる可能性もあります。

私自身は、人工知能を導入して、作業の効率化や利益の拡大が見込める場合には、人工知能を用いることにほとんどデメリットはないと考えているので、一定のリスク管理のもとでどんどん取り入れていけばいいだろうという立場です。人工知能に一役担ってもらって、渋滞が解消するのであれば、素晴らしいことです。

しかし、犯罪予測への利用となると、人工知能の回答がどれだけ正確でも、「監視社会化」が問題視される可能性は否定できないでしょう。

ただ、現在の世界情勢に鑑みると、テロの脅威は飛躍的に高まっていますから、プライバシーと引き換えに、安全性を選ぶという判断が今後より必要になっていくことは考えられます。

こんなふうに、人工知能をどう活用するのかについて、私たちが決断に悩むシチュエーションは、これから様々な領域で登場してくると思います。医療など、人命に関わるような領域での判断もその一つです。九九パーセントまで正確でも、残り一パーセントのミスが害を及ぼすこともあるかもしれないからです。

研究・開発の現場にいる専門家は、人工知能は正解を出す確率を上昇させているだけで、ミスを犯さない存在ではないと、よく知っています。しかし、公の場に人工知能が導入されて、ある程度、安全に機能してしまったら、ほとんどの人は、「絶対に事件も事故も起きない」と当然のように信じていってしまうのではないでしょうか。

人工知能の判断は「プロセスがブラックボックス」であり、かつ決して一〇〇パーセント正確なものではない――そのことを私たちは、しっかりと認識する必要があります。

## 人工知能は「脅威」か

ちなみに、NHKスペシャルの取材では、こうした人工知能のリスクについて、イギリス・オックスフォード大学の人類未来研究所に話を聞きに行きました。

この研究所は、様々な分野から有能な研究者を集め、人類の未来についての重大な問題に取り組む目的で設立された機関です。著名な科学者が多く参加しており、毎年レポートを発表しているそうです。

彼らが二〇一五年に発表して、大きな話題を呼んだのが、「人類文明を脅かす、一二のリスク」というレポートでした。そのレポートでは、核戦争や巨大火山の噴火と並んで、「人工知能の台頭」が未来の人類の脅威として挙げられています。

私も取材のなかで、彼らにいろいろな質問を投げかけました。例えば、研究員のアンダーズ・サンドバーグさんは、自律的な人工知能が殺人兵器に使用される危険性について、こう訴えました。

レポート「人類を脅かす、12のリスク」

「市民によって構成された軍隊であれば、政府の命令が間違っていた場合、拒否できます。でも、ロボットは命令に忠実すぎるのです」

彼が人工知能の問題点について述べた言葉も印象的でした。それは「問題なのは、機械が私たちを嫌っているのではなく、機械が私たちになんの関心も持っていないこと」というものです。

サンドバーグさんは、人工知能は「非常に大きなパワーで私たちを踏みつけてしまうかもしれない」とも言っていました。

これは、この本で語ってきた、人工知能には「恐怖心がない」という話につながるものではないでしょうか。今後、人間と人工知能が共存していくプロセスにおいて、いかに人間らしい価値観や倫理による判断を人工知能に備えさせるかは、本当に大きなテーマになっていくと思います。

サンドバーグさんも、「真の問題は、いかにして人工知能に私たちの価値観を理解させるかにある」と話していました。ディープマインド社のデミス・ハサビスさんは、同社がグーグルに買収された際、人工知能の倫理委員会の立ち上げを提案しています。

私自身も、取材を通じて、人工知能が驚くべき速度で進歩して、社会に影響を及ぼし始める姿を目の当たりにして、現実の課題として急いで考えるべきことではないかと思いました。

## 一人一人が人工知能に向き合う

とはいえ、こういう問題は一朝一夕に解決するものではありません。

まずは、日常的な心がけとして、私たちの一人一人が、人工知能の判断を「絶対である」と信じないことが大事なのではないでしょうか。

また、一つの人工知能の判断が絶対的なものではないという前提に立って、社会に導入していくことも、これからは求められるのかもしれません。

例えば、人工知能を用いたシステムに、その判断が暴走しないように、あえて人間による検証を行うなど、別の方向から安全を確保するプロセスを組み込むことも、今後試されていくと思います。

そう考えると、人工知能が相当に発達しても、人間が意思決定に関わるケースは残りそうです。とすれば、やはり人工知能から人間はいかに学び、どう使っていくのかという、何度か指摘してきたこの問いが、再び重要になってきます。

## 人工知能と教育

ここでも、私は将棋の世界で先んじて起きた、将棋ソフトと学習をめぐる事例が参考になるのではないかと思います。

例えば、これまでの人間同士の対局であれば、おのずとコミュニケーションが発生して、年長者などが将棋の「考え方」などを教えてくれました。今、こうしたことがないのかと言うと、もちろんそんなことはなくて、前述した通り、ネット対戦を行っている最中にもチャットが行われていて、互いに教え合うことができます。

人間は疑問に思ったことやわからなかったことを、先生に直接聞いたり、説明を受けたりして、初めて理解できたり納得できたりするところが少なからずあります。

これから先、若い棋士はおそらく将棋ソフトで練習することでも、ほぼ間違いなく強くなるでしょう。ただ、それがどのような強さになるかは、未知数と言えます。

仮に、人工知能の将棋ソフトとばかり練習してきた人がいたら、どうでしょうか。一方通行で知識を受け取ったとき、人間は進歩し続けることができるのでしょうか。考え方を他者から教わらずに、ソフトだけで強くなれるのかどうか、私にはわかりません。

今、大学の授業なども、一部ネット上で公開されています。ネット上での高等教育も、日本でも始まりました。これについては、学費などの事情でこれまで教育を断念していた人が、そういう授業を受けて、必要な知識なり技能なりを身につけられるのは素晴らしいことだと思います。ただ、例えば小学生の子がずっとそれを続けて、どういう大人になっていくのかは、しっかりと検証されたわけではありません。本当にコミュニケーションなしに、人間の教育は可能なのか。これは押さえておかなければいけないポイントだと思います。

## 「学習の高速道路」

もう一つ、私が重要だと感じているのは、「学習の高速道路」の問題です。

これはインターネットが登場した頃からよく話していることですが、本質的には将棋ソフトや人工知能についても同じことが言えるでしょう。

もし人工知能のプログラムを使えば、超高速で効率良く学習できるとわかったとします。すると今度は、誰もがそのルートで学んでいくはずです。「高速道路」が目の前にあるのに、わざわざ「一般道」を走る人は少ないと思うからです。

でも、そうやって全員が「高速道路」を活用すると、どこかで渋滞が起こることは目に見えています。そのとき、集団から飛び出していくには、やはり個性が必要です。

では、一人一人はどうやって個性を出すのか。自分のスタイルをどうやって築き上げるのか。一番速い「学習の高速道路」を走ることは、他の人と同じ道を走ることでもあります。「個性を重視する」という、この一見ありふれた問題が、結局登場してしまうのです。

そんなときは、例えば勉強法やトレーニング法、はたまた仕事のやり方などで、ちょっと目先を変えることが大きな意味を持つのではないでしょうか。将棋ソフトを使うだけでなく、あえて江戸時代の詰将棋を解いてみる。頭の筋肉を使う場所を変えるようなことが、かえって有効になるかもしれません。まあ、その辺はやってみないとわからない部分もありますが……。

ただ、私が最も強く懸念しているのは、この「学習の高速道路」を走るなかで、大量の情報を得ることに追われて、かえって自分の頭で課題を解決する時間がなくなっていくことです。

実のところ私は、今の若い棋士たちの、未知の局面に出合ったときの対応力が少々落ちている気がしています。

将棋の世界は、データベースとインターネットの登場以降、最先端では流行が本当に目まぐるしく変化するようになりました。正直なところ、今の棋士はその知識をフォローするだけでも、かなりの時間と労力を必要としている状態です。

なにしろ新しい手が編み出されて、それがはやったかと思うと、すぐに研究し尽くされてしまうような状況が、この一五年ほど続いているのです。

そもそも私がプロになった頃は、棋譜は、自分で手書きし、将棋連盟からもらうときも、まだ青焼きのコピーでした。しかし、今やデータベースもありますし、携帯やネットで対局の中継も観られます。昔は実戦のなかでしか学べなかったような定跡も、今の若い棋士たちはプロになる以前に身につけている状況です。

繰り返しになりますが、この「知って学ぶ」環境については現在の方が圧倒的に恵まれていて、全体の棋士のレベルも格段に高くなっていることも事実です。

しかし、大量の情報に流されて、自分の頭で考えなくなってきているのも、また確かなのです。一見して効率的なことが、実は自らの能力に少しずつハンディを背負わせているのかもしれません。

### 多様性が進化を生む

「学習の高速道路」について、私にはもう一つ根本的な疑問があります。それは、本当に皆で「高速道路」を走っていくことが、進化を速めることなのだろうか、ということです。

実は、自然界では、むしろ生物の個体それぞれが遺伝的に多様性を持つことが、進化の鍵となっています。とするならば、全員が同じ選択をすることは、むしろ全体から見ると、多様性が失われていて、かえって進化が止まってしまう気もするのです。

少し身近な喩えを出しましょう。食べログというウェブサイトがあります。ご存じの通り、飲食店を採点する口コミサービスです。もし誰もが食べログの点数を絶対的に正しいと信じるようになり、星の少ない店にはみんな行かないような社会が来たら、どうなるでしょうか。

なかなか新しい店に光があたらなくなるでしょうし、そもそも私はそういう社会は不健全だと思います。むしろ、「この店は星二つだけど、私は絶対にここに行くんだ」という人がたくさんいる方が、外食産業や当の食べログにとってもより良い進化が訪れると思いますし、私は良い社会だと考えます。

将棋ソフトで言えば、「評価値」は、まさに数値で形勢判断を示してくれるものですから、一見すると絶対的に正しい評価に思えます。

しかし、意外にも評価値には、接戦となると三〇〇〜五〇〇点程度の、引き分けにあたるゾーンがあったりします。八〇〇点ほどに達すれば、明らかに評価値が正しくなってくるのですが、大事なのは選択肢に「遊び」の余地があるという事実です。

囲碁の世界と同様に、将棋の世界にも「一局の将棋」という言葉があります。究極的には正しい手が一つだけあるとしても、まずはこの手で一局指してみよう、という考え方です。そういう「遊び」の姿勢で取り組むことが、私は大事だと思いますし、逆に言えば、評価値の数字を知っておくことで、大胆な形の手を試していくこともできるのではないでしょうか。

## 情報とのつき合い方

私自身はどうなのかと言うと、情報とのつき合い方には、本当に気をつけています。やはり、情報がかえって勝負の邪魔をすることは少なくありません。

一応、対局前には、対戦相手の最近の戦い方の傾向は確認します。あらかじめ情報収集を行い予想しておけば、序盤ではあまり考えるエネルギーを使わずに進められるからです。すると、前半はパワーを温存して、後半の勝負どころで集中力を発揮できるのです。

ただ、やはり情報収集にはデメリットもあります。最新の動向を吸収していると時間がなくなり、自ら創造的な手を編み出す研究に時間を割けなくなります。しかも、情報を収集して対策を練りすぎて、おかしな思い入れが生まれることもあるのです。例えば、新しい戦型を頑張って研究したのに、勝負の頃にはその戦型が時代遅れになっていることがあります。すると、つい容易に捨てられずに、判断が遅れてしまうのです。ですから、過去の蓄積を惜しまずに捨てていく覚悟も、常に持っています。

私は戦型を分析するときには、その戦型の歴史を振り返ったり、重要な対局の棋譜を探してきたりします。そのなかで重要だと思ったものは、プリントアウトして実際に盤面に駒を並べます。しかし、ある程度溜まったら、そのプリントは捨てることにしています。そう決めておけば、「ここで覚えないと、もう見られなくなるぞ」と覚悟を決めて、学ぶことができるのです。

もちろん、パソコンの将棋のデータベースはいつでも使えますが、簡単に見たものは簡単に忘れてしまいます。

私は大事な指し手や局面は、盤に手を動かして駒を並べたり、誰かに話したり、そのときの状況を覚えておいたりして、しっかりと深く記憶に定着させています。また、形勢判断のような勝負の勘を鍛えるためにと、目先を変えてラグビーやテニスなどスポーツの試合を観戦したりもしています。

**経験値をどう活かすか**

しかし、何より勉強になるのは、やはり実戦で積み上げていく「経験値」です。ただ、経験してきたことが、そのまま活かせるわけではありません。

将棋の世界も、自分を取り巻く情勢も変わるので、経験が足かせになるケースはいっぱいあるでしょう。以前は定跡だったけれども、現在では使われていない手は数多くありますし、トレンドも存在します。

ですから、経験から得た様々な選択肢のなかから、目の前にある問題やテーマに対して、何が一番良いアプローチなのかを選んでいくことが大事です。例えば、以前の対局で経験したことのある局面を類似した局面での判断に利用したり、考え方だけを抽出してみたりする。そういう一工夫が、経験を活かせるかどうかにつながっています。

実のところ、勝負の世界では、ベストだと思う手法が通じるかどうかは、常に皆目わからないものです。しかし、そういう局面でこそ、経験値は活きてきます。

そのときに大事なのは、実は「こうすればうまくいく」ではなくて、「これをやったらうまくいかない」を、いかにたくさん知っているかです。取捨選択の「捨てる方」を見極める目こそが、経験で磨かれていくのです。

その意味で、これまでに遠回りをした経験の積み重ねも、決して無駄にはならないと思っています。喩えて言うなら、経験によって〝羅針盤〟の精度がだんだん上がっていくイメージです。経験の積み重ねが、年を経るなかで自分に「こっちにいくとうまくないぞ」と教えてくれて、確実な方向性が見えてくるのです。

## 桁違いの「知能」と生きる

そんなふうに考えていくと、私たちは今後も自分自身で思考していく必要があります。

しかし、人工知能とのつき合い方に話を戻すと、人工知能は使いようによっては非常に便利なので、使える場面では使えばいい——という、なんだか当たり前の話になりそうです。

人工知能に限らず、常に新しい技術は出てくるけれども、それを意味のある形で、健全な目的に使えるかどうかは、結局のところ人間側の問題にすぎません。要は、「物は使いよう」ということで、インターネットや科学技術の軍事利用などと、同じことなのだと思います。

ただ、少しSF めいた話として、私が期待していることもあります。それは、人工知能によって社会構造そのものが変わっていくのではないかということです。

第一章の終わりで、脳科学者の茂木健一郎さんの「IQ四〇〇〇の世界が到来したら……」という話を紹介しました。

人工知能は、非常に高い情報処理能力を持った「知性」です。人間のIQに直したら、それこそ本当に、三〇〇〇だとか四〇〇〇だとか桁違いの知能指数があるかもしれません。そんな人工知能を、腕にパッチを貼るように簡単に使えるようにでもなったら、やはり私たちが使わずに生きていくという選択肢は、さすがにないでしょう。

もし仮に、私たち人間がそれほどの「知性」と行動をともにするようになれば、社会はまったく違うあり方に変わってしまう可能性もあると思います。

ただ、そのときに必ず良い方向に変わるかどうかは別の問題です。現在、社会が抱えている様々な問題が解決するかもしれないですが、逆に人間の悪知恵がどんどん発揮されてしまい、今より悲惨な社会になっているかもしれません。結局のところ、どこまでいっても、やはり技術というのは、私たちの使い方次第なのではないでしょうか。

**将棋ソフトを深く理解する**

将棋の未来については、どうでしょうか。

二〇年ほど前、一九九六年に、私は、「コンピュータがプロ棋士を負かす日は?」と聞かれて、「二〇一五年」と答えたことがありました。もちろん、これは強い根拠があって言った言葉ではありません。「ハードウェアの向上だけでも、自然に強くなっていく」という話を聞いていたので大ざっぱな感じとして答えただけでした。

しかし、実際にムーアの法則に沿って、コンピュータは進化を遂げ、さらに優秀なプログラマーが多数参戦して、将棋ソフトの今日の強さを築き上げました。

もしかすると今後、棋士が将棋に強くなるには、将棋ソフトの強さを深いところで理解することと、さらにはプログラミングの素養すら基礎体力として求められるようになる時代も遠くないかもしれません。

同時に、強いプログラムを作るためには、将棋の実力が必要となる可能性もあります。なぜかと言うと、人工知能にディープラーニングをさせるにしても、その初期設定は人間が行う必要があり、そこには幅広い知識とセンスが不可欠であると思えるからです。また、その開発スピードは、プロセスやメカニズムがどこまでオープンにされていくかが大きな影響を及ぼします。

将棋ソフトは毎年、そのときの優れたものが公開されていくので、今後も進歩のスピードが緩むことはほぼないと考えています。

## 原始的な娯楽への回帰

技術が上がれば上がるほど、どんなジャンルでも「見世物」としての面白さが減っていく面があるのではないかと思います。例えば、柔道は、かつてと比べるとはるかに技術は上がっていますが、その一方で「投げ技一本」できれいに決まる試合が少なくなってきた印象があります。昔の試合の方が見ていて面白かった、と言う人も多いのではないでしょうか。

あるいは、現代サッカーなどは、システマティックになって、素人には面白さがわかりにくくなっている部分もあります。

人工知能が将棋の可能性をさらに切り拓いていったときに、同様の問題が生じてくる可能性は十分にあるでしょう。

そのときは、棋士としてのあり方も問われると思っています。また、将棋界自体が、どんな体制であれば生き残っていけるのかを考えることは、大きな課題として、業界全体に突きつけられるのではないでしょうか。とはいえ、個人的には、二〇一六年にセ・リーグで優勝を果たした広島カープのような企業努力をしながら、ファンサービスの精度を高めていくことに尽きる気がしているのですが……。

一方で、人工知能の社会進出が想像以上のレベルで実現され、誰もが労働から解放され、さらにＶＲ（仮想現実）のような、現実と区別のつかない仮想空間がより身近になったとき、人間は何をするのだろうか、と考えることもあります。

私はそのとき、人間は意外と原始的な娯楽に戻るような気もしているのです。

現在は、ゲームなどの仮想空間で、現実にはあり得ない非日常的な体験を人々は楽しんでいます。でも、もっとテクノロジーが進歩して、仮想空間での生活が当たり前のものになったとき、人間はどんな遊びをするのでしょうか。将棋のような古くからある遊びが、意外とそのときに生き残るのではないかという気もしています。

## 「知性」は再定義される

そろそろこの本もゴールに近づいてきました。

私自身が人工知能の取材を行って、強く感じたことをいくつか紹介して締めくくりにしたいと思います。

一つは、人工知能は、データなしに学習できない存在だということです。とすれば、データが存在しない、未知の領域に挑戦していくことは、人間にとっても人工知能にとっても、大きな意味を持つと考えています。

二つ目は、それぞれの現場に実際に足を運んで、長い時間対話を重ねたことが、何よりの勉強になったということです。テクノロジーが発展して、どれほど情報が増えても、そしてどれほど便利になっても、人と話をして理解を深め、進歩していくということは、あまり変わらないのではないでしょうか。

そして、最後の三つ目。それは、今後、私たちは「知性」をもう一度定義しなければいけなくなるということです。

人類はその長い歴史のなかで、「高い知性を持っているのは人間だけ」という環境を前提として生きてきました。

しかし、今や「人工知能は人間を超える知性だ」とか、逆に「人間にはできるが人工知能にはできない」などの、様々な言説が飛び交っている時代です。おそらく私たちは、人間とは切り離した形で、新たに「知性」を定義する必要があるのです。

ただ、それは何なのかと問われて、回答できた人はいません。デミス・ハサビスさんに「知性とは何か」と尋ねたときにも、人間の知性の特徴についての言及はありましたが、あまり質問自体の回答になってはいませんでした。

実際、人間の知性は、わからないことだらけです。「実現できているのだけれども、なぜかを説明できない」という事柄や、「実際に感じているのに、全てを言葉で表現できない」という分野があまりに数多く残されています。

しかし、高度に発展した人工知能が登場して、人間の知性と対比されるようになってきたら、どうでしょうか。そのことで、人間の知性の特徴が浮き彫りになるはずです。そのとき、人間も人工知能も包括するような「知性」とは何かが、解明されていく可能性があるのではないでしょうか。

実際、人間のような人工知能を作ろうとしている人たちの原動力となっているのは、まさにそういう発想のようにも思えます。

人工知能について知ることは、人間について深く知ることでもあるのかもしれません。

## レポート❺——人工知能、社会での活用

### 自分自身が「データ」になる

人工知能を大々的に社会に導入することを、国家として宣言している国がある。シンガポールだ。「スマート・ネーション」を掲げ、政府の上層部も、そのために優秀な人材を各国から集めているという。

シンガポールでは、世界に先駆けて実験的取り組みが進む。例えば、地下鉄。陸上交通庁は、利用客のスマートフォンのアプリから、駅構内での個人の居場所などの情報を収集・蓄積している。将来的には、日本のようにあらかじめダイヤを正確に組むのではなく、刻々と変わる人の動きをリアルタイムに人工知能が解析し、最も効率的なダイヤで柔軟に交通機関を動かそうとしている。

また、国内最大の繁華街オーチャードロードでは、街頭の全てのゴミ箱にセンサー

を設置した。ゴミのたまり具合を自動監視することで、美景を保つだけでなく、清掃員が効率的に収集できるように工夫が施されている。

人工知能を活用して、街の混雑の緩和を目指す実証実験も行われた。スマートフォンのアプリから、場所の混み具合や、個人の嗜好《しこう》性などのデータも収集し、人工知能が交通手段などを「レコメンド」してくれるというものだ。

国家の効率的な運営を目指して、実験が繰り返されていく。住民は、自分たちの生活の便利さが、どのようにして成り立っているのか、ほとんど意識することはない。しかし、静かに暮らしは変わる――当然、個人情報やプライバシーへの配慮をないがしろにしてはいけないが、人工知能と共存していく可能性の一つではあるだろう。

個人が「データ」として計測され、それが集まることで新しいサービスが生まれる。この動きは、世界的に加速している。わかりやすい例の一つが、タクシー配車アプリの「Uber（ウーバー）」だろう。自分の位置に一番近い車が表示され、地図上のピンポイントに迎えに来て、道順を教えなくても、目的地へと向かう。さらに、これを自動運転車によって実現しようというテストも始まっている。車の移動に運転手が必要なくなることだって十分にあり得る。

**人工知能を恋人に?!**

二〇一四年五月、中国の人工知能のチャットボット「Xiaoice（シャオアイス）」が公開された。仮想世界の女の子と、あたかも実際の女性のように会話のやりとりができるアプリで、多くの人がはまったという。心の隙間を埋め、自分のことを最もよく理解してくれる存在は人工知能――そんなおとぎ話のようなことが、本当に起きるかもしれないと思わせる。

人格があるかのように振る舞い、豊かなコミュニケーションを行う。こうした人工知能は日本でも登場している。人工知能「りんな」だ。女子高生という設定で、LINEを通じて、コミュニケーションできる。ユーザーそれぞれと独自に会話を行い、「自分のりんな」という気持ちにもさせてくれる、興味深い人工知能だ。企業のインターンとなったり、広報を務めたり、まるで人間のタレントのように活躍の幅を広げている。

さらに、二〇一六年の末、日本で発売された「Kibiro（キビロ）」は、日々のコミュニケーションから、ユーザーの好みを学習していき、個々人に合った答えを出すことができるという。時間が経てば経つほど、「その人好み」の存在になっていく。人間同様、人工知能も様々な個性を持つようになっていくのだ。

「汎用性」とともに「多様性」もまた、人工知能が社会に浸透していく際のキーワードなのではないだろうか。

## 人工知能は、私たちの仕事をどう変えるのか

人工知能に関する話題のなかで、多くの人が関心を持つものの一つが、人工知能に職を奪われるという話だろう。二〇一三年にオックスフォード大学の研究者、マイケル・オズボーン氏が発表した論文は大きな注目を集めた。論文のなかで、「機械によって消える職業」を、ランキング形式で紹介したのだ。

社会に衝撃を与えた理由は、機械に取って代わられるという職種のなかに、弁護士や外科医、公認会計士などの、高度専門職と言われるホワイトカラーが含まれていた

からである。

確かに、画像認識で、がんの診断を行う人工知能も、将来的には医師の仕事を脅かすと言えるかもしれない。人工知能を搭載した手術ロボットの開発も進んでいる。疲れ知らずで正確無比、病気の診断能力は人間よりも上。そんな〝人工知能医師〟が登場して、「診療は、人間の医師がいいですか、人工知能がいいですか」と尋ねられたら、私たちは、なんと答えるだろう。

実際、こうした問題は、一部ですでに現実のものになっている。アメリカの弁護士事務所では、判例検索のソフトウェアが登場した結果、アシスタント職や特許専門の弁護士などが、どんどんリストラされているという。

二〇一七年一月、日本経済新聞社が、「決算サマリー」というサービスを発表した。企業の決算に関する記事を、人工知能が自動的に作成するもので、そのアルゴリズムは言語理解研究所（ＩＬＵ）や東京大学の人工知能研究者・松尾豊氏らと共同で開発したのだという。さらに、同時期、ＩＢＭの人工知能・ワトソンが、公開予定のホラー映画のＰＲムービーを自動生成したという報告も登場している。メディアの世界も人工知能の進出によって、今後、姿を変えていくことは間違いない。

## 変化への適応が求められる時代へ

それにしても、ホワイトカラーの仕事がなぜ人工知能に取って代わられるのか。

その理由は、人工知能の登場で、「分析」することの価値が劇的に変化しているからだと考えられている。これまでは、分析力を要する仕事は、高い見識を持つ、限られた人間だけが可能な仕事だとされてきた。日本では、主に「士業《しぎょう》」と分類されている職業である。つまり、会計士や弁護士などのように「○○士」と名前につく仕事だ。教師や医師のように「○○師」とつく仕事にも、そういうものが多い。

そして、たいていこういう仕事はどこの国でも、資格職である。資格によってその専門知識と分析力の信用が担保されていた。ところが、人工知能は困ったことに、いとも簡単にこういう仕事をこなしてしまう。しかも、この流れはおそらくとどまることはないのだ。私たちが選択できる仕事の種類や内容は、将来大きく変わる可能性がある。

がんを診断する人工知能を開発したジェレミー・ハワード氏に、「人工知能によって、あなたの仕事も将来なくなるのでは？」という質問をしたところ、「そのときは、遊んで暮らすよ」とおどけて答えた後、「それでもそのとき、私にしかできない何かをやっていることは間違いない」と自信をのぞかせた。

人工知能の研究者は総じて、この問題に楽観的だったように思う。「なくなる仕事がある一方で、新たに生まれる仕事もごまんとある」というわけだ。

一八世紀から一九世紀にかけて起きた、産業革命のときにも、全ての人が職にあぶれたわけではない。コンピュータやインターネットが普及した今も、以前と仕事の内容や働き方は変わったかもしれないが、同じように多くの人が働いている。

社会構造を変えるほどのインパクトを持つ技術が現れたとき、当然私たちはその影響を大きく受ける。人工知能がその一つになることは、ほぼ間違いないだろう。そのときに大切なのは、「何が失われるか」と過剰に不安視するのでなく、「変わったことに適応できるか」ということなのだと思う。

## 人工知能をどう受け入れるか

これまで、一次産業や二次産業が人工知能に置き換わるのはまだまだ先の話だと言われることもあったが、どうやら、そうでもなさそうな状況もある。

食べ頃の野菜は、ベテランの農家の人ではなく、人工知能が見分ける。「分散学習」によって成長したロボットが、熟練工の代わりを果たす——。

ドイツが製造業の分野で進めるプロジェクト、「インダストリー4・0」。工場を単に無人化して、人工知能とロボットで生産性を最大化するだけでなく、ロボットと人が一緒に作業をする技術の開発が進められている。状況判断ができるようになったロボットは、作業を人間と切り分けるよりも、ともに働いた方がより生産性や創造性が上がるという考えからだ。人工知能の発展は、私たちと機械との関係を確実に変え始めている。

さらに、今、恋人選びのマッチングサービスに人工知能が使われたり、大学生の進路相談に人工知能を導入するケースが出てきたりと、人生の決断の場にさえ、人工知能がどんどん入り込んでいる。

私たちの決断が、今後、人工知能が勧める方向に偏っていくことは大いにあり得る。そうしたとき、期待した結果が伴わない、つまり、「人工知能なのに間違えた」という状況に直面したら、どのように対処すればいいだろうか。そのとき、救いとなるのが、人工知能に対する「許容」や「寛容」なのではないかと思う。

「人工知能は一〇〇パーセント正しいわけではないと、心に刻むことが大切です」。

羽生さんが、取材の合間に発した言葉は、今も忘れ難い。

人工知能に人間的価値観や心を持たせることには、実は、私たちが人工知能と向き合うときに、「人工知能が不完全である」ことを認めやすくする働きもあるのではないかと感じる。それによって、私たちと人工知能がうまく折り合いをつけていくイメージだ。人工知能の進歩のスピードは今後さらに加速するだろうが、活かせるかどうかは、私たちの心の持ちようによるに違いない。

## 羽生さんが教えてくれたこと

ＮＨＫスペシャルが放送された二〇一六年は、棋士としての羽生さんにとって、いろいろと変化があった年だったと思う。自身初の六連敗を喫し、最強の将棋ソフトとの対局を目指す叡王《えいおう》戦にも参加。残念ながら代表にはならなかったが、挑戦を続ける姿に、私は清々しさを感じた。

羽生さんの負けが続くと、「いよいよ衰えたか」「世代交代か」という文字があちこちで躍るが、私は少し違った見方をしていた。失敗してでもつかみたい何かがあるのではないか——。

仕事柄、科学者や研究者の方々とお話しする機会があるが、彼らには一つ共通することがある。大きな発見の陰には多くの「失敗」が存在し、それを驚異的な粘りで乗り越えているということだ。入れる試薬を間違えたり、実験の条件を間違えたり、仮説とまったく違う実験結果となったり……。けれども、目の前で起きたことに先入観なく向き合い、「失敗は成功の元」を体現する。

これから、今、私たちがやっていることを、人工知能が代わりに行うという局面はさらに増えていくだろう。しかし、失敗を恐れず、突拍子もないことをやって、そこから新たな成果が生まれる——挑戦することの意義は変わらないはずだ。

あらゆる「成功（正解）」を瞬時に弾き出す人工知能を前に、私たちができることとは、「失敗（誤答）」なのかもしれない。リスクを前にしてもひるまず、自分の決断を信じて進む。それが、私たちに残された道なのではないか。羽生さんと一緒に番組制作を続けて強く感じたことだ。

超多忙なスケジュールを縫ってご協力いただいた羽生さんにあらためて御礼を申し上げるとともに、ご一緒できた幸運に感謝したい。

# おわりに

「人工知能の脅威」を描いた代表的な映画はなんと言っても、アーノルド・シュワルツェネッガー主演の『ターミネーター』でしょう。物語の設定は、次のようなものです。戦略防衛コンピュータシステム「スカイネット」が自ら思考を始め、全世界に核ミサイルを発射して、人類の半数を死滅させる——。

しかし、仮に汎用人工知能が開発されたとしても、そのような出来事が現実に起きるとは、とても思えません。もちろん、エンターテインメントとしてはとても楽しいですが、私には人工知能を擬人化しすぎているように思えるのです。

その一方で、より現実的な未来を描いているように思えるSF作品もあります。それは、日本の漫画家・士郎正宗さんが一九八九年に原作を描いたアニメーション、『攻殻機動隊』です。

『ターミネーター』に比べれば、一部のファンに熱狂的に支持されている作品ですが、この作品で示されたヴィジョンは、私がこの本で言おうとしたことに近いような気がします。

ここで描かれた、脳の神経網にデバイスを直接つなぐ電脳化の技術や、サイボーグ（義体化）技術が普及した世界は、『ターミネーター』よりはるかに現実的だと思います。

実際のところ、「義体化」によって、人間とロボットの境界が曖昧になっていくことは、現実に起き得る話なのではないでしょうか。

もちろん、クローン人間研究のように、技術的に可能であっても人道的な観点から歯止めをかけられる事例もありますので、社会の受け入れに困難は生じるかもしれません。でも、もし例えば、医療の現場で義体化によって救える命があるとしたら、どうでしょうか。全面的に禁止をすることが、むしろ人道的に問題とされることもありそうです。

この本では人工知能によって、人間の「美意識」や判断が変わっていく可能性を書きましたが、人工知能と人間の関係も、まさに『攻殻機動隊』の「義体」のようになっていくことも考えられます。

それにしても、なぜここに来て人工知能の開発がブームになり、これほどの驚異的な進歩を遂げているのでしょうか。

第五章でも紹介しましたが、イギリス・オックスフォードの人類未来研究所が発表した、「人類文明を脅かす、一二のリスク」のレポートでは、人工知能もその一つとして挙げられています。他に並んでいるのは、極端な気候変化、核戦争、パンデミック（感染症・伝染病などの世界的な流行）などですから、人工知能の登場もかなり深刻な脅威と捉えられているのです。

しかし、人工知能には、他の一一のリスクと異なる点があります。他のリスクは、純然たるリスクとしてのみ存在しますが、人工知能はそれらを解決してしまうポテンシャルも同時に秘めています。デミス・ハサビスさんの言葉の通り、森羅万象を説明できるようにさえなるかもしれません。

ここに人工知能が、それこそ『ターミネーター』のように人類絶滅のリスクを指摘されながらも、驚異的な速度で進歩する理由があるように思います。「諸刃《もろは》の剣」という表現がありますが、その言葉にならって言えば、人工知能は、実に鋭い剣です。二〇世紀は核のコントロールが人類のテーマとなった時代でしたが、確かに二一世紀には、それが人工知能に取って代わられるかもしれません。

そこで大事になるのは、ディープラーニングから生み出されるデータや知見を、いかに私たちが理解していくかだと思います。

もちろん、人間の脳の物理的な制約もありますし、人工知能をそっくりそのまま模倣することは不可能でしょう。膨大なデータのなかから、最小限の必要な情報を取り出して理解するのが、人間らしいアプローチだと思います。

とはいえ、人工知能もさらに進化していくはずです。例えば、将棋で強くなるときには、適切な課題設定を行うことが大事なのですが、現在の人工知能はこれが苦手だと言われています。でも、今後はどうでしょうか。人工知能は最適化を最も得意とするのですから、現代のビッグデータをもとにして、個々にカスタマイズした課題設定を自動的に行うようになる可能性もあるかもしれません。

また同時に、人工知能の社会への浸透も進んでいくでしょう。

先日、静岡県裾野市にある、トヨタの東富士研究所で、自動運転の車に試乗させていただいたのですが、近い未来、人工知能が私たちの暮らしに、より身近なものになることを実感しました。

いずれにせよ人工知能の能力は間違いなく、飛躍的に向上していくことが予想されます。とすれば、人間にも同様の飛躍が求められるはずなのです。


今回の番組取材でロンドンを訪れたときに、初めて大英博物館を訪れ、長年、見たかった展示物を見ることができました。それは古代ギリシャ時代の壺絵で、「将棋を指すアキレウスとアイアス」という作品です。

その陶器の壺には、戦場に赴く直前の二人の兵士が将棋を指す様子が描かれています。これから死んでしまうかもしれない二人が、です。私はこの絵を間近に見て、将棋が長い間、廃《すた》れずに続いてきた理由が、腑《ふ》に落ちるような気がしました。

博物館にはその他にも実に多くの壺絵が展示されており、「簡単に作品が見つかる」と思っていたのですが、探しあてるのに苦労しました。そのとき、古代の壺を見て回りながら、考えたことがあります。

マーヴィン・ミンスキーという、「人工知能の父」と呼ばれるコンピュータ科学者がいます。彼は、「線形分離可能／不可能」という、人工知能開発において解決すべき、大きな課題を提唱しました。これは簡単に言うと、0と1で全ての対象を分離できない（線形分離が不可能な）事柄を扱うのは、人工知能にとって限界があるということです。

最近の研究では、ほとんどの問題が線形分離可能だと判明しているそうです。しかし、本当は、0と1に分離できない物事にこそ人の営みがあるのではないか――紀元前に作られた壺を前にして、ふと気がついたのでした。

この本は、番組で取材をさせていただいた研究者や開発者の皆さん、そして、本文でも紹介した日常的におつき合いしている研究者の方々との対話をもとに、自分なりに考えたことをまとめたものです。お一人ずつお名前を挙げることはできませんが、あらためて感謝を申し上げます。
また、番組制作、本書の執筆にあたって、たくさんの皆さんにお世話になりました。それは自分にとっては得難い経験です。どうもありがとうございました。

二〇一七年一月

羽生善治

## NHKスペシャル「天使か悪魔か　羽生善治　人工知能を探る」

（2016年5月15日放送）

| | |
|---|---|
| 出演 | 羽生善治 |
| テーマ音楽 | evala |
| 語り | 林原めぐみ |
| 声の出演 | 青二プロダクション |
| 取材協力 | 日本将棋連盟、NTT、UBIC<br>理化学研究所、Preferred Networks<br>玉川大学、上海文化広播影視集団<br>光吉俊二、大橋拓文、Simon Colton<br>松原 仁、松尾 豊、Pieter Abbeel<br>山川 宏、三宅陽一郎 |
| 資料提供 | 産経新聞社、韓国棋院Baduk TV<br>ABC、ニコニコ動画<br>Chess & Bridge Ltd.United Kingdom<br>日本棋院、Getty Images、Google<br>ING、Microsoft<br>Mind Sports Olympiad、Nature<br>Stanislav Komogorov / Fotolia |
| 撮影 | 金丸宗由<br>佐藤 努 |
| 照明 | 小倉孝之 |
| 音声 | 飯塚正治 |
| 映像技術 | 稲岡 靖 |
| 映像デザイン | 寺部 晶 |
| CG制作 | 沼倉啓吾 |
| VFX | 中村匠吾 |
| 音響効果 | 荒川きよし |
| 編集 | 梅本京平 |
| コーディネーター | 山田功次郎 |
| リサーチャー | 李 岳林 |
| 取材 | 芳野郷子<br>イ・ヨンジュ<br>桂ゆりこ |
| ディレクター | 中井暁彦<br>上松 圭 |
| 制作統括 | 寺園慎一<br>井上智広 |

編集協力　稲葉ほたて
校閲　小森里美、酒井清一
ＤＴＰ　㈱ノムラ

羽生善治 はぶ・よしはる
1970年生まれ。将棋棋士。
1985年に史上3人目の中学生棋士となる。
1996年には竜王、名人ほか7つのタイトルすべてを獲得し、話題を集めた。
2008年には、永世名人(十九世名人)の資格を獲得し、
現在は王位・王座・棋聖のタイトルを保持(2017年2月現在)。
著書に『大局観』(角川oneテーマ21)など。

NHKスペシャル取材班
国内外の人工知能最前線を取材し、
NHKスペシャル「天使か悪魔か 羽生善治 人工知能を探る」を
制作(2016年5月放送)。
本書の執筆を担当したのは、寺園慎一(NHK大型企画開発センター
エグゼクティブ・プロデューサー)、
中井暁彦(NHK科学・環境番組部 ディレクター)の2名。

NHK出版新書 511
人工知能の核心
2017(平成29)年3月10日 第1刷発行
2017(平成29)年4月10日 第2刷発行

著者 羽生善治
NHKスペシャル取材班 

発行者 小泉公二
発行所 NHK出版
〒150-8081東京都渋谷区宇田川町41-1
電話 (0570) 002-247 (編集) (0570) 000-321(注文)
http://www.nhk-book.co.jp (ホームページ)
振替 00110-1-49701

ブックデザイン albireo
印刷 亨有堂印刷所・近代美術
製本 二葉製本


Printed in Japan ISBN978-4-14-088511-6 C0236